职业教育综合素养系列教材

沟 通 技 巧

（第 2 版）

丛书主编　徐　飚

主　　编　王建华　徐　飚　陆小琼

电子工业出版社
Publishing House of Electronics Industry
北京·BEIJING

内 容 简 介

科学技术的发展驱使社会分工越来越精细，社会各组织之间互为服务的特征越来越明显，组织内部的团队合作越来越重要。所以，人际沟通技巧的作用就更加突出。《沟通技巧》就是为了帮助职业院校学生掌握人际沟通技巧，适应社会发展需要而编写的。

本书将知识性、实用性、指导性和可训练性相结合，遵循由易到难、循序渐进和易教、易学、易练的两大原则，对沟通技巧进行了较全面的阐述。主要内容包括沟通的含义与类型、沟通的原则和要求、有声语言沟通技巧、文字语言沟通技巧、体态语言沟通技巧、肢体语言沟通技巧、求职沟通技巧、领导沟通技巧、同事沟通技巧、客户沟通技巧、沟通礼仪要求等。本书以"经典提示"的形式，将容易忽视的问题做了醒目提示；以"相关链接"的形式，将相关知识做了延伸；以"案例"形式对知识与原理做了应用示意。每章内容后都配有思考与训练，强化知识要点的巩固。

本书是指导职业院校学生提升沟通技巧的实用教材，也可作为培训企业员工的辅导用书。

未经许可，不得以任何方式复制或抄袭本书之部分或全部内容。
版权所有，侵权必究。

图书在版编目（CIP）数据

沟通技巧 / 王建华等主编. —2版. —北京：电子工业出版社，2017.2

ISBN 978-7-121-30817-8

Ⅰ．①沟… Ⅱ．①王… Ⅲ．①心理交往—高等职业教育—教材 Ⅳ．①C912.11

中国版本图书馆 CIP 数据核字（2017）第 013406 号

策划编辑：施玉新
责任编辑：郝黎明
印　　刷：涿州市京南印刷厂
装　　订：涿州市京南印刷厂
出版发行：电子工业出版社
　　　　　北京市海淀区万寿路 173 信箱　邮编　100036
开　　本：787×1 092　1/16　印张：11　字数：281.6 千字
版　　次：2009 年 6 月第 1 版
　　　　　2017 年 2 月第 2 版
印　　次：2024 年 8 月第 19 次印刷
定　　价：27.00 元

凡所购买电子工业出版社图书有缺损问题，请向购买书店调换。若书店售缺，请与本社发行部联系，联系及邮购电话：(010) 88254888，88258888。

质量投诉请发邮件至 zlts@phei.com.cn，盗版侵权举报请发邮件至 dbqq@phei.com.cn。
本书咨询联系方式：(010) 88254598。

前　言

《沟通技巧》自出版以来，经历了七年的教学实践。随着我国经济的不断发展，沟通在我们日常工作、学习和生活中越来越显示出重要的作用，教育部新颁布的中职专业教学标准和高职专业目录，均将沟通技能纳入相关专业的公共基础课或专业核心课中。

基于这种变化，借本书修订之机，我们调整了部分结构，将全书分为上、中、下三篇，原第1章和第2章为上篇"沟通基础知识"，原第3~6章为中篇"日常沟通技巧"，重新编写了第7~11章，作为下篇"职场沟通技巧"。其中新增了第7章"求职沟通技巧"和第10章"客户沟通技巧"，将原第7章分解为第8、9两章"领导沟通技巧""同事沟通技巧"，将原第8、9两章合并为第11章"沟通礼仪要求"。

本书是为了满足职业院校开设综合素养课程的需要而编写的。修订版在原书的基础上，加大了职场沟通技巧的指导，相应减少了礼仪与服饰的内容，使体例结构更趋科学合理。

本次修订工作由徐飚负责，全书由徐飚统一修订定稿。

第二版修订后，本书体现了时代的步伐，但不足与缺憾在所难免，欢迎各位专家、授课教师及广大学生对本次修订本提出宝贵意见，以不断适应职业教育教学的需要。

编者

目 录

上 篇
沟通基础知识

第1章 沟通的含义与类型 ·· 2

  1.1 沟通的含义与特征 ··· 3
      1.1.1 沟通的含义 ··· 3
      1.1.2 沟通的特征 ··· 3
      1.1.3 沟通的目标 ··· 4
  1.2 沟通的类型与要素 ··· 4
      1.2.1 沟通的分类 ··· 4
      1.2.2 沟通的基本要素 ··· 6
      1.2.3 沟通的 6C 守则 ··· 7
      1.2.4 沟通的内容 ··· 8
  1.3 沟通的主要障碍 ··· 9
      1.3.1 个人因素 ··· 10
      1.3.2 心理因素 ··· 11
      1.3.3 心理障碍的克服技巧 ·· 13
  1.4 沟通能力的培养 ··· 14
      1.4.1 德育先行 ··· 14
      1.4.2 知识武装 ··· 14
      1.4.3 锤炼健康的心理素质 ·· 15
      1.4.4 训练创造性思维 ·· 16
      1.4.5 掌握一定的沟通技巧 ·· 16
  思考与训练 ··· 17

第2章 沟通的原则和要求 ·· 18

  2.1 沟通的基本原则 ··· 19
      2.1.1 择善原则 ··· 19

  2.1.2 平衡原则 ·· 19
  2.1.3 诚信原则 ·· 19
  2.1.4 平等原则 ·· 20
  2.1.5 互利原则 ·· 20
  2.1.6 相容原则 ·· 20
 2.2 沟通的基本要求 ·· 21
  2.2.1 自信 ·· 21
  2.2.2 倾听 ·· 22
  2.2.3 主动 ·· 24
  2.2.4 真诚 ·· 26
 2.3 沟通成功的基本技巧 ·· 27
  2.3.1 真诚表达对对方感兴趣 ·· 28
  2.3.2 对人笑口常开 ·· 28
  2.3.3 听比说重要 ·· 28
  2.3.4 慷慨赞美 ·· 29
  2.3.5 善于拒绝 ·· 30
  2.3.6 学会提问 ·· 30
  2.3.7 懂得道歉 ·· 31
  2.3.8 努力克制自己 ·· 32
 思考与训练 ··· 33

中　篇
日常沟通技巧

第3章　有声语言沟通技巧 ·· 35
 3.1 交谈的技巧 ·· 36
  3.1.1 有效的开场白 ·· 36
  3.1.2 话题的巧妙展开 ·· 36
  3.1.3 交谈中的提问要领 ·· 37
  3.1.4 交谈中的答问技巧 ·· 38
  3.1.5 话题的圆满结束 ·· 39
 3.2 演讲的技巧 ·· 40
  3.2.1 演讲的特征 ·· 40
  3.2.2 生动语言的表达技巧 ·· 41
  3.2.3 优美声音的效果技巧 ·· 41
  3.2.4 开头的基本要求 ·· 42

        3.2.5　演讲的主体 44
        3.2.6　结尾的艺术 44
    3.3　会议的沟通技巧 46
        3.3.1　会议前的准备工作 46
        3.3.2　会议进行时的要求 46
        3.3.3　与会者的素质体现 47
        3.3.4　散会后的善后工作 48
        3.3.5　会议的主持技巧 48
    3.4　电话的沟通技巧 49
        3.4.1　接打电话的基本技巧 49
        3.4.2　接打电话的程序 50
        3.4.3　接打电话的注意事项 50
        3.4.4　正确使用手机 51
        3.4.5　接听投诉电话的技巧 52
    思考与训练 52

第4章　文字语言沟通技巧 54
    4.1　阅读的形式和要求 55
        4.1.1　阅读的几种形式 55
        4.1.2　提高阅读能力的方法 56
    4.2　写作的特性和要求 57
        4.2.1　写作的特性 57
        4.2.2　写作的基本要求 58
        4.2.3　写作是一个积累的过程 59
    4.3　社交中常用的文字沟通形式 60
        4.3.1　社交信函的写作 60
        4.3.2　就业自荐信的写作 63
        4.3.3　名片 64
    4.4　电脑网络的沟通形式 65
        4.4.1　网络的优点 65
        4.4.2　网络的沟通作用 66
        4.4.3　电子邮件的写作要求 67
    思考与训练 69

第5章　体态语言沟通技巧 70
    5.1　表情 71
        5.1.1　表情的含义 71

	5.1.2 表情的作用	72
	5.1.3 面部表情的运用和把握	73
5.2	眼神	73
	5.2.1 目光的功能	74
	5.2.2 运用目光的礼节	74
	5.2.3 目光的高度	75
	5.2.4 目光停留的时间	76
	5.2.5 目光的实际应用效果	76
	5.2.6 需控制的几种眼神	77
5.3	微笑	77
	5.3.1 微笑的功能	78
	5.3.2 微笑的形象和要求	80
5.4	眉语和头语	81
	5.4.1 眉毛在沟通中表达的意思	81
	5.4.2 头部动作表达的沟通信息	81
思考与训练		82

第6章 肢体语言沟通技巧 ... 84

6.1	手势语言	85
	6.1.1 交际活动中常见的几种手势语言	86
	6.1.2 手势语言的表达技巧	87
	6.1.3 沟通中的规范手势	88
	6.1.4 各种握手方式表达的意思	89
6.2	站姿	90
	6.2.1 正确的站姿	90
	6.2.2 应避免的站姿	91
	6.2.3 脚的动作语言	91
6.3	坐姿	91
	6.3.1 入座的规范	91
	6.3.2 端坐的规范	92
	6.3.3 不同坐姿的效果	92
6.4	走姿	93
	6.4.1 走姿的总体要求和基本要领	93
	6.4.2 各种场合的步态要求	94
	6.4.3 不同步态表达的心境	94
6.5	人际距离与个人空间	95
	6.5.1 人际距离的要求	96

  6.5.2 恰当运用人际距离 96
  6.5.3 个人空间的讲究 97
思考与训练 98

下 篇
职场沟通技巧

第 7 章　求职沟通技巧 100

7.1　做好求职准备 101
  7.1.1 认识自我 101
  7.1.2 明确职业目标 101
  7.1.3 收集就业信息 102

7.2　写好个人简历和求职信 104
  7.2.1 个人简历的书写规范 104
  7.2.2 个人简历的写作要求与写作技巧 106
  7.2.3 求职信的书写规范 107

7.3　说好自我介绍 109
  7.3.1 自我介绍的内容与要点 109
  7.3.2 自我介绍的技巧 110
  7.3.3 自我介绍注意事项 111

7.4　答好面试提问 112
  7.4.1 应对面试的基本策略 112
  7.4.2 面试答题技巧 113
  7.4.3 面试问题回答思路 115

第 8 章　领导沟通技巧 117

8.1　了解上司 118
  8.1.1 了解上司的个性 118
  8.1.2 了解上司的行事风格 120
  8.1.3 了解上司对工作的要求 120

8.2　学会请示汇报 120
  8.2.1 请示汇报的程序 121
  8.2.2 请示汇报的态度 122
  8.2.3 请示汇报的技巧 122

8.3　善于建言献策 124
  8.3.1 选择恰当时机 124

        8.3.2 正面阐发观点 ··· 125
        8.3.3 建言献策技巧 ··· 125
    思考与训练 ··· 126

第 9 章　同事沟通技巧 ·· 128
    9.1 与同事真诚相处 ··· 129
        9.1.1 真诚相处，明确责权 ··· 129
        9.1.2 尊重同事，互帮互助 ··· 130
        9.1.3 关心同事，团结同事 ··· 130
    9.2 协调同事关系的技巧 ·· 131
        9.2.1 适应对方，接受对方 ··· 131
        9.2.2 欣赏对方，赞美对方 ··· 132
        9.2.3 求同存异，化解矛盾 ··· 133
    9.3 不同风格人群的分类及沟通方法 ··· 134
        9.3.1 分析型人的特征和与其沟通的技巧 ····································· 134
        9.3.2 和蔼型人的特征和与其沟通的技巧 ····································· 135
        9.3.3 表达型人的特征和与其沟通的技巧 ····································· 135
        9.3.4 支配型人的特征和与其沟通的技巧 ····································· 136
    思考与训练 ··· 136

第 10 章　客户沟通技巧 ·· 137
    10.1 建立并维护客户关系 ·· 138
        10.1.1 了解客户信息 ··· 138
        10.1.2 发现客户需求 ··· 138
        10.1.3 维护客户关系 ··· 139
        10.1.4 把握沟通技巧 ··· 140
        10.1.5 针对不同客户采用不同的沟通方法 ··································· 140
    10.2 向客户介绍产品 ··· 141
        10.2.1 了解产品和客户需求 ··· 141
        10.2.2 介绍产品信息 ··· 142
        10.2.3 注意沟通技巧 ··· 143
    10.3 正确处理客户投诉 ··· 143
        10.3.1 处理客户投诉的程序 ··· 144
        10.3.2 处理客户投诉的技巧 ··· 144
    思考与训练 ··· 146

第 11 章　沟通礼仪要求 ·················· 147

11.1　沟通的仪表礼仪 ·················· 148
11.1.1　沟通的着装礼仪 ·················· 148
11.1.2　沟通的佩饰礼仪 ·················· 150
11.1.3　沟通的容貌礼仪 ·················· 151

11.2　沟通的基本礼仪 ·················· 152
11.2.1　见面的礼节 ·················· 152
11.2.2　拜访与待客的礼节 ·················· 153
11.2.3　电话礼仪 ·················· 154
11.2.4　探望病人的礼节 ·················· 155
11.2.5　宴会礼仪 ·················· 156

11.3　涉外沟通礼仪 ·················· 157
11.3.1　习俗的礼仪 ·················· 158
11.3.2　交谈礼仪 ·················· 159
11.3.3　馈赠礼仪 ·················· 159

思考与训练 ·················· 160

参考文献 ·················· 162

上篇

沟通基础知识

第 1 章

沟通的含义与类型

> 📌 **学习目标**
> - ☐ 理解沟通的含义及特征。
> - ☐ 掌握沟通的基本要素。
> - ☐ 了解沟通中的几大主要障碍。
> - ☐ 掌握提高沟通能力的基本方法。

1.1 沟通的含义与特征

1.1.1 沟通的含义

《现代汉语词典》解释"沟通"一词非常简单:"使两方能通连"。原意指人们用开沟的方式使两水连通的活动,后泛指现代社会的信息交流。在英文中,"communication"这个词既可以译作沟通,也可以译作交流、交往、通信、交通、传递、传播等。在学术界,学者们对"沟通"有150多个定义,概括起来有以下几种:

交流说——沟通,就是用语言交流思想。其代表者是美国的学者霄本。他认为沟通是传播者与接受者有来有往的双向活动。

分享说——沟通,就是传播者和接受者对所交流信息的共享。其代表者是美国的学者施拉姆。

媒介说——沟通,就是通过大众传播和人际沟通的主要媒介所进行的符号的传送。其代表者是美国学者贝雷尔森。

劝服说——沟通,就是传播者欲通过劝服对接收者施加影响的行为。其代表者是美国学者J·露西。

上述这些说法,都从不同的角度描述了沟通的内涵品质,对我们理解沟通有着重要的启示。从现代意义上去理解:沟通是人们在互动过程中,通过某种途径或方式,将一定的信息从发送者传递给接受者,并获取理解的过程。这种信息可以是文字信息,还可以是态势语言的信息。

100个经典提示

1　一个成功人士,需要75%的沟通,25%的天才和技能。

1.1.2 沟通的特征

从沟通的定义上看,沟通有以下几个特征:

社会性——作为沟通的一个基本特征,具体体现为人们以信息交流为主要方式,通过运用复杂的符号系统来交流思想,建立联系,融洽感情,增强信任,调整行为,促进协作,提高效率,不断推动社会的进步和发展。

实用性——是指人们依靠沟通过程,动态了解各类信息,帮助自己工作、学习、生活,故有着明显的实用性。

互动性——沟通是一种双向的交流活动。在沟通过程中，传受双方都希望影响对方，故需要不断转换传受双方的角色，各自发出相应的信息进行相互交流，因而体现出明显的互动性。

动态性——沟通的传受双方是处于转换变化中的，沟通的信息也存在流动性以及它在传递时的信号转化等，均可导致沟通形成动态性。

不可逆性——沟通时，传送者一旦将信息发出就无法收回，或接收者一旦受到某种信息影响，其产生的效果同样不能收回。这就是沟通的不可逆性。

100个经典提示

2　在沟通过程中要积极慎重，三思而后行，以免产生不良影响，记住：沟通有着不可逆性。

1.1.3　沟通的目标

人们在进行不同的沟通活动中，其沟通的目标各不相同，可以是传递、说明、教育、娱乐、解释、劝导、宣传、号召等目标。沟通的深度和难度也不同，我们可将沟通目标分为传递、理解、接受和行动。

传递——是沟通最初级的目标，也是最容易达到的目标。只要信息的发出者能够使信息到达特定的个人或组织，就可以视为达到了传递的目标。

理解——是较深层次的沟通目标。它要求信息的接收者能够广泛、深入明了信息的性质、含义、用途和影响。信息发送者在进行信息策划时，必须考虑接收者的能力，选择信息编码和表达方式。

接受——是指信息接收者在理解的基础上，还要认同信息内容。接受的核心是态度上的趋同。

行动——这是沟通最高层次的目标。它要求信息接收者不仅能够接收、理解、认同信息的内容，而且会受到该信息的影响而采取某种行动。

1.2　沟通的类型与要素

1.2.1　沟通的分类

根据不同的划分方法，可将沟通分为几大类。

(1) 按沟通的组织程度划分

按沟通的组织程度划分，可以将沟通划分为正式沟通和非正式沟通。

正式沟通——是指在一定的组织机构中，通过组织明文规定的渠道进行信息的传递与交流，如各种会议、汇报制度等。

在正式沟通中，按照信息传递的方向，又可分为上行沟通、下行沟通和平行沟通。以公文为例，下级机关向上级机关所做的请示、汇报，就是上行沟通；上级机关向下级机关所发的命令、指示，就是下行沟通；平行机关所发的函，就是平行沟通。

非正式沟通——是指通过正式沟通以外的渠道所进行的信息传递和交流。这种沟通是建立在组织成员之间的社会和感情基础之上的，人们以个人身份所进行的沟通活动，如朋友聚会、邻居聊天、私下交换意见、背后议论等各种各样的社会交往活动。

(2) 按沟通时对媒介的依赖程度划分

按沟通时对媒介的依赖程度，可以将沟通分为直接沟通和间接沟通。

直接沟通——就是直接面对沟通对象所进行的信息传递和交流。直接沟通无须沟通媒介参与，是以自身固有的手段进行的人际沟通，如谈话、演讲、授课等。

间接沟通——就是指需要媒介参与的人际沟通。是通过文件、信函、电话、电子邮件等媒介所进行的信息传递和交流。

(3) 按沟通时所使用的符号形式划分

按沟通时所使用的符号形式，可以将沟通分为语言沟通和非语言沟通。

语言沟通——是指发送者以语言符号形式，将信息发送给接收者的人际沟通。就是使用口头语言或文字语言所进行的信息传递和交流。也可称为口头沟通和书面沟通。

非语言沟通——是指发送者以非语言符号形式，将信息发送给接收者的人际沟通。就是指除语言之外的表情、动作、眼神、气质、外貌、衣着、个人距离等为媒介的沟通方式。

(4) 按沟通是否具有反馈的情况划分

按沟通是否具有反馈的情况，可以将沟通分为单向沟通和双向沟通。

单向沟通——是指信息单向流动的沟通。接收者只收受而不向发送者进行信息反馈，即信息的发送者和接收者的地位不发生改变的非交流性信息传递活动。如发布命令、报告、演讲等，具有信息沟通速度快，条理性强，且不易受干扰等特征。

双向沟通——是指信息双向流动的沟通。在沟通过程中，信息的发送者和接收者的地位不断发生改变，即信息的发送者和信息的接收者既相互发送信息，又相互反馈信息。如讨论、谈话、谈判等，具有传送信息准确，接收信息自信心较强，易受干扰和缺乏条理性等特征。

沟通的过程实际上是信息的发送者通过选定的信息传递渠道将信息传送给接收者的过

程，如图 1-1 所示。

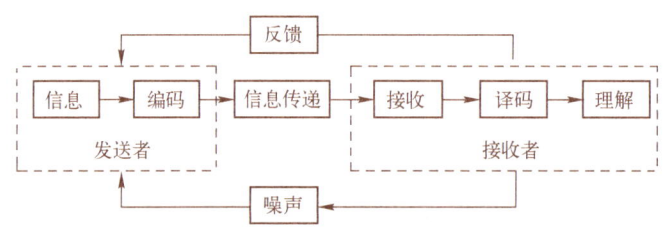

图 1-1　沟通的过程

1.2.2　沟通的基本要素

我们从沟通的过程中，可以看出沟通的基本要素有：

发送者——是指沟通过程中发送信息的主体。这个主体可以是个人，也可以是群体、组织。尽管它发送的信息存在着有意和无意、自觉和不自觉、有目的和无目的之分，但通常会受到内容选择（如不能发表违法言论、不宜公开的某些报道）、媒介压力（如媒介组织的宗旨、制度、政策、规定等对信息所产生的限制）、个人形象与个性，以及来自社会、组织和个人等层面因素的制约。

> **100个经典提示**
>
> 3　发送信息是有制约的，不能随心所欲。

编码——是指发送者将所要传递的信息，按照一定的编码规则，编制为信号。它要求充分考虑接收者的实际情况，所选的代码或语言有利于理解与交流，以免出现令接收者茫然不知或无所适从的现象。

信息传递——即通过媒介传递信息。媒介是确保信息正常交流的物质基础，它作为构建于传送者和接收者之间的信息网络，能以多种形式相互传递和交流传者、受者的信息，使之理解意愿，加深了解，增强协作，促进发展。常用的信息传递的媒介有个人媒介（如电话、电子邮件、信函、传真等）和大众媒介（如网络、广播、电视、书籍、报刊等）。

接收者——是沟通过程中信息接收的主体。它同样受到内容选择、媒介压力、个人形象与个性结构等因素的影响，还可对符合自己本意的信息产生各种预期效果，或对自己本意不相符的信息进行解释，怀疑，使效果减小或无效。

译码——也称"解码"，是指信息的接收者按照一定的编码规则将所接收到的信号解释、还原为自己的语言信息，达到沟通的目的。

理解——是指接收信息的反应。成功的沟通，应该是信息发送者的意愿与信息接收者的反应一致。

第1章 沟通的含义与类型

> **100个经典提示**
>
> **4** 理解是沟通的重要要素。不理解他人，或将自己的观点强加于人，会导致沟通失败。

反馈——指信息接收者在接收到信息后，将自己的反应信息加以编码，通过选定的渠道回传给信息的发送者。这种传者和受者之间角色的转换，是沟通必不可少的基本环节，它对掌握动态、发现问题、促进沟通双方共同发展具有重要的作用。

噪声——是指在信息传递过程中，干扰信息传递的各种形式。可分为外部噪声（来源于环境）、内部噪声（来源于沟通双方的注意力）、语义噪声（来源于人们对词语情感上的反应）等。

1.2.3 沟通的 6C 守则

为了更有效地进行沟通，在沟通过程中要遵循 6C 守则。即清晰（Clear）、简明（Concise）、准确（Correct）、完整（Complete）、有建设性（Constructive）、礼貌（Courteous）。

清晰——是指表达的信息完整、顺序有效，能够被信息接收者所理解。

简明——是指表达同样多的信息要尽可能占用较少的信息载体容量。这样既可以降低信息保存、传输和管理成本，也可以提高信息使用者处理和阅读信息的效率。

准确——是衡量信息质量最重要的指标，也是决定沟通结果的重要指标。不同的信息往往会导致不同的结论和沟通结果。

> **案例**
>
> 中国古代典籍中就有"夔一足"的故事，其原因就是"夔一足"有多种理解方式。远古的时候，尧帝和舜帝的乐官，名叫夔。而古时候就有传说，这位乐官只有一条腿，叫夔一足。《吕氏春秋·察传》中说，鲁国国君向孔子求教，夔一足的事是否真实。孔子说，古时候舜帝为了用音乐作为辅助，使天下平安，于是让夔当官，主持这方面的事，而夔就制定了乐律，做得非常出色，于是舜帝说，有夔这样的能人，一个也就足以办成事了。后来人就误传成这位乐官叫夔一足，只有一条腿。实际上，如果把这句话稍微改一下，变成"夔一人足矣"，就不会出现这样的误解了。

完整——就是指表达的信息描述完整，没有遗漏，否则会出现"盲人摸象"的现象。即因片面的信息导致判断错误和沟通错误。

有建设性——即对沟通目的性的强调。沟通不仅需要考虑所表达的信息要清晰、简明、

7

准确、完整，还要考虑信息接收方的态度和接受程度，力求通过沟通使对方的态度有所改变。

礼貌——情绪和感受是影响人们沟通效果的重要因素。礼貌得体的沟通形式，有利于沟通目标的实现。

1.2.4 沟通的内容

要进行有效的交流，不仅需要遵循有效沟通的若干守则，还要知道沟通的基本内容。沟通的基本内容可概括为六方面的问题，即何因、何人、何事、何地、何时、如何。

何因——也就是沟通的目标、目的。确定沟通目标是一件非常重要，也是非常不容易的事情。首先要确定沟通各方的底线，包括沟通双方的沟通理解能力、态度转变、行动能力和意愿的空间。还要注意区分主动沟通方、被动沟通方和对等沟通方。主动沟通方在沟通过程中是沟通目标明确的一方，往往处于有利地位，但也有被对方拒绝的时候，在沟通中就要尽量防止出现被另一方完全中止沟通的状况出现。被动沟通方是指事先没有计划，也没有明确的沟通目标，只是被动卷入沟通过程的一方。对等沟通则是指在沟通之前各方都具有一定计划和目的的沟通过程。

> **100个经典提示**
>
> 5　谈判就是一种典型的对等沟通。在对等沟通中，由于双方都具有一定的目标，就会产生双方目标的冲突和协调问题。

何人——指的是沟通的对象。在沟通过程中，我们不能把所有的注意力都集中在自身的沟通目标上和沟通信息的清晰、简明、准确及完整上，而忽略沟通另一方的感受，这样的沟通效果不佳，甚至会导致沟通失败。因为使用同样的沟通信息、方法和过程，对不同的沟通对象产生的沟通效果是不同的。评价沟通效果如何，最终标准是接收信息一方的理解和接受程度，而不是信息传递方表达的清晰程度。有时一个十分准确的表达方式所带来的结果只能是信息受众的一片茫然甚至误解。

> **案例**
>
> 汉朝的牟融在《牟子理论》中记载了这样一个故事："公明仪为牛弹清角之操，伏食如故，非牛不闻，不合其耳矣。"说的是古代有个很有名的音乐家公明仪能弹得一手好琴，但轻易不给人弹。他在城里住着嫌太过嘈杂，便搬到农村幽静处，饮酒弹琴，好不痛快。
>
> 一天他见牧童骑牛放牧，吹着竹笛，悠闲自在，便突发奇想，人们都说我弹到深处，听着都想翩翩起舞，我何不弹奏一曲欢快的曲子，让牛给我跳舞呢？于是，公明仪就认

第1章 沟通的含义与类型

真地弹奏起来，弹得满头大汗，但牛只是低头吃草，无动于衷。

公明仪很沮丧，手按在琴上，无意间发出"哞哞"之声，那牛立即竖起耳朵，抬头相望。公明仪自觉好笑，"牛把我的琴所发出的声音当成小牛叫了"。这就是"对牛弹琴"这个成语的由来。用来讽刺说话的人不看对象，白费口舌。

何事——指的是沟通的主题，是沟通活动要紧密围绕的核心问题或话题。主题的作用主要体现在它是串起所有相关信息的线索。在沟通过程中，主题作为基本的背景和对象，是帮助沟通者理解和记忆沟通内容并作出反馈的主要依据。

何地——指沟通活动发生的空间范围，包括地理区域、特定场所和室内布置等。沟通的地点常常被称为场合，不同场合会影响沟通效果。因为场合决定着人们对信息的解读方式，人们通常会根据经验形成一些思维定势或习惯，这些定势和习惯是人们快速解读信息的线索。

何时——时间对沟通效果的影响是多方面的。每个人在一天的时间内并非情绪、体力、注意力都处于最佳状态。在同一时间内，不同的人在情绪、体力、注意力上也是不一样的。如果时间选择不当自然会影响沟通效果。

100个经典提示

6　时间的长短也对沟通效率有很大影响。一般来说，交流、沟通的时间越长，人们的注意力越差。

如何——是指如何实现沟通目标，采用何种手段来实现沟通目标。这是沟通中最复杂、最困难的要素。例如，要实现沟通目标，我们要考虑信息的表现形式是什么，可以是文字、图片、多媒体，也可以选择身体语言、符号标志、模型等；还要考虑是口头表达还是书面表达，是用归纳法还是演绎法，是采用庄重的表达风格，还是轻松的风格；在什么时间进行沟通最合适，要安排在怎样的场合进行沟通等。应该根据不同的情况选择最合适的表达方式，特别是要根据沟通的需要创造出恰当的沟通气氛。

1.3 沟通的主要障碍

任何沟通都至少有两方参加，各方可能有着不同的愿望、需求和态度。如果一方的愿望和需求与另一方相冲突，就会形成障碍，导致沟通不畅。所以，我们要识别沟通障碍，尽量克服沟通障碍。

1.3.1 个人因素

在信息沟通中，很大程度要受到个人因素的制约。每个人不同的个性、气质、态度、经验、见解等，都会形成信息沟通的障碍。

语言障碍——在口头沟通中，如果语言出现错误，就会直接导致信息的失真。

> **案例**
> 有一位广州客人到沈阳出差，办完事后要乘飞机回家，在一酒店用餐后，要求酒店派车送他去机场。有这样一段对话："请送我到飞机场好吗？"酒店服务员回答："好的，我们这儿的肥鸡都很大，保证能让您满意。"

文化障碍——知识水平上的差异和经验水平不一致，导致对方无法理解，使沟通遇到障碍。

> **案例**
> 有一个秀才去买柴，他对卖柴的人说："荷薪者过来！"卖柴的人听不懂"荷薪者"，愣住了不敢移步，秀才只好自己走上前去问："其价如何？"卖柴的人听不太懂这句话，只听见有个"价"字，就告诉秀才这担柴的价格。秀才接着说："外实而内虚，烟多而焰少，请损之。"卖柴人因听不懂秀才的话，担着柴转身要走。秀才想就只有这一个卖柴的，天气又这般冷，没柴如何取暖？性急之下说："你这柴表面看起来是干的，里头却是湿的，烧起来肯定会烟多焰少，便宜点吧！"

地位障碍——如果沟通双方地位身份相差悬殊，会影响发送和接收效果。高位者考虑自己的尊严，在发送信息时简单扼要，不作过多的说明，致使低位者接收信息时心情紧张，对不明了之处也不敢多问或陈述自己的信息，会导致信息接收不准确，造成沟通障碍。

记忆障碍——即个体记忆不佳所造成的障碍。信息沟通往往是依据组织系统分层次逐次传递的，然而，在按层次传递同一条信息时，往往会受到个体素质影响，从而影响沟通效果。

兴趣障碍——对谈论主题过分关心或漠不关心都是沟通的障碍。过分关心者往往急于发表个人意见而忽视发送者接下来的信息了；漠不关心者对发送的信息不感兴趣，就会分散倾听或观看的注意力，以至于视而不见，充耳不闻，沟通就收不到好的效果。

信任障碍——有效的沟通要以相互信任为前提。发送者要有一定的公信力，接收者不带偏见接收信息，才能使沟通有效。互不信任就会妨碍沟通。

情绪障碍——人的情绪状态对信息的理解具有影响作用，情绪不好时，就会对信息的接收产生阻挠心理，不喜欢听，不喜欢看，甚至因此而拒绝接收任何信息；情绪好时，即使是自己不感兴趣的信息也会宽宏大度地接受。情绪还影响认知思考、行为表现。

案例

唐太宗李世民每次听完魏征讲话后都要出去走一走，有人不解地问唐太宗，"这是为何？"他回答说，"我怕我杀了他"。其实，魏征是谏议大夫，原先是唐太宗哥哥的人，魏征不因原主子被唐太宗杀了而巴结李世民，相反，他能坚持原则照样批评李世民。但李世民知道他讲的是对的，怕情绪影响对信息的正确接收，只有选择出去散步，让情绪正常。

环境障碍——沟通受到干扰而突然中断，是一种常见的障碍，所以环境因素很重要。沟通时，如果周围的环境不好，就容易分散人的注意力，如阅读材料时，有他人进来和你说话、开会时手机突然响起、会议中消防车警铃响，都会使沟通中断。

100个经典提示

7 安静的环境，能使人的身心得到放松，从而调动自己的潜能，激活自己的激情，有助于沟通的有效进行。

1.3.2 心理因素

人际关系是一种建立在心理接触基础上的社会关系。所以，在影响人际关系的因素中，心理障碍产生的影响更大，也更加直接。一个心理正常的人，在与人沟通时，所产生的影响人际交往的心理因素，我们称其为人际沟通的心理障碍。

嫉妒心理障碍——嫉妒者当看到别人强过自己，受到称赞就会难过、气愤或暗中拆别人的台，诋毁他人。嫉妒常产生于条件相似的人们之间，或因自己无能或因自己懒散，因而比别人差，内心却又不甘心。嫉妒者不仅打击别人，也会影响自己的人际关系，影响正常的人际沟通。

羞怯心理障碍——怕羞是人们交往中一种常见的心理障碍。羞怯心理障碍是指人们在沟通时常感到紧张、脸红、语无伦次或过多地约束自己的言行，不能清楚地表达自己的思想感情的一种状况，以至无法充分地表达自己的思想感情，阻碍了人际关系的正常发展。

相关链接

产生羞怯的原因一般有四种：
① 性格内向；
② 自尊心强，自信心不足，总想把话说好，但又不知道说哪句话；
③ 多次遇到失败或挫折，因而怕与人沟通；
④ 传统文化中消极成分的影响。

自卑心理障碍——一个人在遭受挫折以后，如果不能正确对待自己就会产生自卑心理。自卑是人们对自己的能力做出过低评价的一种心理感受，是一种消极的自我评价。自卑心理障碍会使人丧失上进心，失去自我发展机会。假如一个人长期处于自卑心理状态，不但会影响自己的人际关系，还将束缚自己的创造才能和聪明才智。

案例

有一个叫小文的女孩，参加工作第一次单独外出接洽生意就遭到了失败，被同事取笑后，她哭着跑回家，在父母的劝解下仍然不能释怀，觉得自己一无是处。这时她父亲拿出一支笔和一张白纸，要她在白纸上画黑点，把自己认为所有的不足和缺点只要想到一点就在纸上点一点，画定之后，父亲问她："你看到什么？""我看到无数的黑点，无数的缺点。"父亲又说："还看到什么？"她说："除了缺点还是缺点。"

父亲一再的启发，女儿终于发现"白纸部分大于黑点部分"。父亲又启发她："将你的优点和长处盖在黑点上，还剩下多少黑点？是不是白纸更大了？这就是你的发展空间，是不是空间很大？"女儿认真地思考之后，点了点头，心情开朗了，鼓足勇气重新开始自己的事业。后来，小文的努力使其成为公司的销售经理。

恐惧心理障碍——恐惧是人类的一种原始情绪，指个人在面临困境并企图摆脱但无能为力时所产生的情感体验。恐惧心理障碍是指沟通时出现的带有恐惧色彩的情感反应，如手足无措、手心出冷汗、身体发抖等。这些都会影响正常的交往，使人竭力避免参加公共活动，回避与他人的交往，甚至还会出现自我封闭、与外界隔绝的状态。

100个经典提示

8　害怕是人的正常情绪，压抑自己的害怕只会令你更加紧张和不安。

猜疑心理障碍——猜疑是指一种由主观推测而产生的不信任他人的复杂情感体验。在人际交往过程中，由于欺骗蒙蔽、虚情假意的现象仍然存在，人与人之间提防戒备之心的存在也有其合理性。但如果防备心理过重，或疑虑之心过重，甚至怀疑一切，认为人人不可信，人人不可交，这就形成了心理障碍，就会造成沟通的失败。

1.3.3 心理障碍的克服技巧

从主观上讲，任何人都希望自己是一个成功的沟通者。心理障碍影响了人们的沟通效果，只有跨越障碍，才能获得成功。所以我们要学习克服心理障碍的技巧。

（1）嫉妒心理障碍的克服技巧

首先要认清嫉妒、控制嫉妒。把嫉妒心理中正面的上进心扩大，抵制产生嫉妒行为，才能在竞争中心安理得地获得成功；要抑制嫉妒行为，就要宽容地对待他人，调节自己与他人的优劣对比，多寻找和发现自己超越别人的优势，获得心理平衡；要克服嫉妒心理障碍，还要培养自知之明，以便自己能客观公正地评价自己。

> **100个经典提示**
>
> 9 心胸狭窄容易产生嫉妒心理，所以只有改变自己气量过小的性格才能获得大家的尊重，获得成功的人际沟通。

（2）羞怯心理障碍的克服技巧

主要是从锻炼性格入手，有意识地多参加集体活动，培养独立自主的性格，多与人交往，特别是要多与性格开朗的人交往。还要积极地自我暗示，鼓励自己在社交场合中展示自我，并做好应付失败的心理准备。

（3）自卑心理障碍的克服技巧

只有寻找出自己的自卑来源于何处，才能有针对性地克服。因为不论你的自卑是来自家庭贫寒，还是自身的生理缺陷，或是周围人的评价影响，或是遭受过挫折，都可找到有相近的背景而不气馁的人物，作为自己的榜样，可以用榜样来激励自己。此外还要学会关注别人。因为容易陷入自卑心理状态中的人，往往缺乏集体情感，只有当自己将目光投向别人身上时，你才会变得理智、客观、忘我。

消除自卑的最好方法是增强自信心，对自己要有充分的自信，给予自己积极的思维方式。自卑者应打破过去那种"因为我不行——所以我不去做——反正我不行"的消极思维方式，建立起"因为我不行——所以我要努力——最终我一定能行"的积极思维方式，以自信来清扫自卑的障碍。

（4）恐惧心理障碍的克服技巧

首先要明确造成恐惧的真正原因。如果不能清晰地认识到让自己恐惧的是什么东西，恐惧就会实在地存在着。只有鼓起勇气正视它，才能找到恐惧产生的最初原因。只有找到原因，才能通过改善自己的个性，积极与人交往，克服恐惧心理。对于严重的交往恐惧症，还应采取心理咨询和心理治疗的方法。

（5）猜疑心理障碍的克服技巧

要克服猜疑心理障碍，就必须用理智战胜冲动。常常问一问自己为什么起疑心，然后对猜疑的人和事要学会选择正反两方面的信息去分析，控制冲动的主观推测。还要学会用经验巩固理智，而不是让猜疑驾驭自己。除此之外，要学会自制，不让自己的思想停留在对过去的挫折经历的痛苦回忆中，战胜痛苦，摆脱挫折的阴影。要善于培养自信，看到自己的长处和优势，用自信战胜怀疑。最后还应克服自己患得患失的心理，不要让一己之私支配和折磨自己，无利则无疑。

10　信任会抵制猜疑的蔓延和加重。

1.4 沟通能力的培养

几乎每个人出生时开口的第一声都是哭声，没有人一出世就会开口说话。沟通能力的高低虽然有遗传、智力等因素的影响，但是后天的培养极其重要。

要提高自己的沟通能力，可以从以下几方面着手。

1.4.1 德育先行

沟通能力是沟通者思想、知识、思维、心理等素质的体现，是一项综合能力。思想指挥行动，要提高自我的沟通能力，应该注意德育先行。只有当沟通者具有高尚的道德品质，实施沟通时，才能想他人所想，为与他人沟通奠定良好的基础。

培养良好的品德，应该不断加强自身的思想品德修养，从我国传统美德中，从我党的革命道德传统中，从国外优秀的道德思想中汲取精华，让自身不断进步，成为一个沟通中最受欢迎的人。

1.4.2 知识武装

沟通者的文化底蕴越丰厚，其视野和思想就越开阔，说起话来就会妙语连珠，撰写出来的文章就会越有品位，当然与人沟通就更有效果。

要让自己的知识底蕴丰厚就要不断学习。

从书本上学——"读书破万卷，下笔如有神"。从前人的经验中获取各类知识，是提高自身知识修养的重要途径。

从生活中学——"活到老，学到老"。没有一个人能说自己已掌握了生活中的全部知识，我们在与人交谈时，只要注意就会发现有一些知识是自己的空白。

学会不断积累——我们提倡每天都能学习，但要让自己进步还需要每天的积累，积累不在多，关键在于日复一日长期坚持，时间长了，自然就多了。俗话说得好："不怕慢，就怕站"，不管自己走得多慢，只要一点一滴地积累下来，就是一直在前进，一直在进步。

向身边的人学——周恩来在年轻时曾写过一幅格言自勉"与有肝胆人共事，从无字句处读书"。肝胆之人即正直之人，必有我们学习的品德，"无字句处读书"与教育家陶行知先生的生活即教育理论一致，就是可以从生活中学习。

> **100个经典提示**
>
> 11 成功沟通者要做生活的有心人，从生活的人、事、物中获取有用的知识和信息。

1.4.3 锤炼健康的心理素质

沟通的主体心理素质好否，直接影响沟通的效果。有的人能从容沟通、从容应对；有的人则语无伦次，答非所问。要培养良好的沟通能力，首先要有开阔的胸襟，其次要不间断训练自己百折不挠的抗挫折能力。

也许大家都愿意与大度、开明的人交朋友，而不愿与小气、斤斤计较的人交往。确实宽容大度是成功沟通者健康心理的表现，是与人沟通的润滑剂，能减少人与人之间的摩擦，达到较好的沟通效果。

在与他人沟通时，并非每次都能顺利，每次都能成功，这就要求沟通者具备百折不挠的抗挫折能力。如果因失败而忏悔不已，终日被曾经遭受的困顿挫折左右，不能自拔，就会成为真正的失败者。只有具备良好的抗挫折能力，在受到挫折时，才能重新调整心态，激发知难而进的勇气，战胜困难，取得成功。

> **相关链接**
>
> 面对挫折可采用以下方法，进行自我调节：
> ① 沉着冷静、不慌不怒；
> ② 增强自信，提高勇气；

③ 审时度势，迂回取胜；
④ 再接再厉，锲而不舍；
⑤ 移花接木，灵活机动；
⑥ 寻找原因，理性思维；
⑦ 情绪转移，寻求升华；
⑧ 学会幽默，自我解嘲。

1.4.4　训练创造性思维

创造性思维是以新动机为先导，以思维的流畅性、应变性为基础，以思维的创造性和丰富多彩的想象力为核心。沟通者的思维应变性强，就能做到沟通自如。所以要训练自己的创造性思维，不断提高自己的沟通能力。

训练创造性思维，一是要打破定势，培养思维的独创性。除了要利用思维定势的积极作用外，还要克服因思维定势形成的创造性思维障碍。冲破狭隘的旧框框，开拓视野。在求异思维过程中力求思维的独创性得到提高。二是倡导思维的想象力，培养思维的连动性。想象是创新的翅膀，一切创造欲望包括创新意识、创新思维的萌发都和想象力不可分割。要提高想象力，就必须培养自己的观察能力，养成观察习惯。还要善于运用想象、类比、联想、延伸、开拓等多种思维方法，进行发散性思维训练、收束性思维训练、逆向性思维训练等。

1.4.5　掌握一定的沟通技巧

在与人沟通的过程中，需要借助沟通的技巧，化解不同的见解与意见，建立共识。

在沟通过程中，一句话一个眼神，都能影响沟通的效果，所以要掌握一定的沟通技巧，让自己成为一个受欢迎的人，在事业的海洋中游刃有余，获得更大的成功。

相关链接

著名学者帕金森研究出与他人沟通最有效的10种方法，人们称之为"帕金森定律"。

① 与人沟通永远不嫌迟。不要因为害怕对方可能的反应，以至迟迟不敢沟通，要知道，因为未能沟通而造成的真空，将很快充满谣言、误解、废话，甚至仇恨。

② 在沟通的过程中，知识并不一定永远是智慧；仁慈不一定永远是正确；同情不一定永远是了解。

③ 负起沟通成功的全部责任。作为聆听者，你要负起全部责任，听听其他人说些什么；作为说话者，你更要负起全部责任，以确定他们能够了解你在说些什么。绝对不能用一半的心意来对待与你有关的人，一定要有百分之百的诚心。

④ 用别人的观点来分析你自己。把你想象成你的父母、你的配偶、你的孩子和你的下属。想象你走进一间办公室时，陌生人会对你产生什么印象？为什么？

⑤ 听取真理，说出真理。不要让那些闲言闲语使你成为受害者。记住，你向外沟通的都是你的意见，也都是你根据有限的资料来源听到的印象。

⑥ 对你听到的每件事，要以开放的心态加以验证。不要存有偏见，要有充分的分析能力，对真相进行研究与检验。

⑦ 对每个问题，都要考虑到它的积极面与消极面，追求积极的一面。

⑧ 检讨一下自己，看看是否能够轻易和正确地改变你扮演的"角色"：从严肃的生意人，变成彬彬有礼的朋友、父母，变成知己或老师。

⑨ 暂时退出你的生活圈子，考虑一下，究竟是哪种人吸引你？你又要吸引什么样的人？他们是不是属于同一类型？你是否吸引胜利者？你所吸引的人是否比你更为成功？为什么？

⑩ 发展你神奇的"轻抚"。今天、今晚就对你心爱的人伸手轻抚；在明天、在今后的每一天，都要这样做。

思考与训练

1. 如何理解沟通的含义？
2. 请列出沟通的基本要素。
3. 试分析恐惧心理障碍有什么害处。
4. 为什么说成功的沟通者是生活中的有心人？
5. 技能训练题：

① 以小组为单位，结合分析沟通障碍，谈谈自己在沟通中的成败经验。各组将每个组员的经验进行汇总，再进行全班交流，训练的主题是"克服障碍，沟通一定能成功"。

要求达到的效果：建立沟通的信心。

② 克服人际恐惧的适应性训练：假如你在与人交往时有恐惧的心理产生，不妨采用顾己感受训练法。即交往时只简单地考虑自己的表现，自己该怎样做和该怎说，而不顾他人的反应如何。先从心理上居于主动地位，有利于形成交往过程中的良性心理循环。然后，告诉自己："我的表现不错，该说的该做的都按目标完成了"，给自己树立信心。最后，给自己一个评价："原来我的沟通能力蛮棒的"，并力求以更好的心态迎接下一次的交往活动。

第 2 章

沟通的原则和要求

> 👉 **学习目标**
> - ☐ 了解沟通的基本原则,并在日常交往中用心体验。
> - ☐ 熟知沟通的基本要求,并能灵活运用。
> - ☐ 正确把握沟通的原则和要求在实际生活中运用的度。

2.1 沟通的基本原则

沟通是一门艺术，是要遵循一定原则的，只有按照沟通的基本原则实施人际交往，才能使你有更广的人际网络。

2.1.1 择善原则

择善原则是指在建立和发展人际关系时，不能盲目从事，而要有所选择地进行。不仅要"择其善者而从之，择其不善者而弃之"，而且要"两害相权取其轻，两利相权取其重"。所谓"近朱者赤，近墨者黑"，就是告诉人们，选择良友才能受益终身。当然，我们在与他人交往时，以择善原则建立起来的人际关系，是否真善或其善的程度如何，还要经过一段时间的检验。如果发现所择之人为恶，应坚决抛弃。否则，当断不断反受其乱。

2.1.2 平衡原则

社会中每个人都担当着多重角色：可以是父亲同时又是儿子，可以是领导同时又是下属，可以是朋友同时又是同事。关系重重，需要加以协调和平衡。因为一个人的精力是有限的，建立人际关系的目的是满足需要，而人们的需要必须与人的有限时间和精力成正比。交往过于频繁，使人的精力透支，穷于应付而影响工作，就应适可而止；当人的精力和时间大于自己的需要时，不但会让人感到孤独，容易产生苦闷的情绪，导致信息闭塞，而且还会减少自己发挥能力的机会与范围。因此，在建立人际关系的过程中，需要经常地协调平衡需要与时间、精力之间的关系。

2.1.3 诚信原则

诚信是为人的根本，也是建立良好人际关系的基础。没有人愿意与一个虚伪不诚实的人做朋友。诚信原则告诉我们，要想获得社会的认同，要想得到众人的信任，自己一定要诚信。就是要守信、诚实、不轻易承诺。诚信是为人的根本，也是每个人希望在人们心中树立的基本形象。因为只有这样，才能使自己得到别人的认可和接纳，才能建立良好而广泛的人缘。

> **100个经典提示**
>
> **12** 在与他人交往合作中，虚伪和欺骗也许能获得短暂的成功，但只有诚信才能让事业常青。

2.1.4 平等原则

每个人都有友爱和受人尊敬的需要。如果我们在与人交往沟通中,只考虑自己需要受人尊敬的感受,而不顾对方的感受,则容易导致沟通失败。平等待人是建立良好的人际关系的前提,没有平等待人的观念就不能建立密切的人际关系。所以,我们在交往过程中,要遵循平等原则,平等交友,平等待人。

100个经典提示

13　无论何事,你希望别人怎样对待你,你也要以同样的方式对待别人。

2.1.5 互利原则

互利原则指的是在人际交往中,双方互惠互利,才能使双方感情进一步加深。在互惠互利原则的指导下,建立良好的人际关系,还需有付出不图回报的心态。当你帮助了别人,就不能图感激、图回报,更不能为了回报而去帮助别人。今天你帮助了别人,也许日后你也需要接受别人的帮助。"投桃报李"是相互的,不但要向别人付出,也要让别人有机会回报你,这也是获得深厚友谊的契机。只有在不断帮助别人和接受别人帮助的循环中,我们人际交往的圈子才会在不知不觉中扩大,你就能感受到人和的魅力。

2.1.6 相容原则

宽以待人的人朋友多。在人际交往中,如果没有一定的容人肚量,是很难容忍别人的缺点和自己利益损伤的,不能容忍则会带给自己烦恼,带给自己孤独。所以,在与人交往时,我们要培养自己相容的肚量,应该时时将心比心,如孔子所说:"己所不欲,勿施于人";处处提醒自己要大事清楚,小事糊涂,不斤斤计较;还要谦虚待人,多发现别人的优点。常常提醒自己:"金无足赤,人无完人"。

案例

有一位老人,在一个环境幽静的山谷,拥有一座占地500平方米的建筑,因受其健康状况的影响,他要卖掉房子和花园搬到养老院去。老人想将房子的价格定在30万美元。而有一位叫罗伊的警官很想买下这栋房子,可他只有30000美元,余款只能按每月1000元支付。

罗伊知道老人是出于无奈才卖房子的,老人对房子有很深的感情。于是罗伊找到老人与之商量:"如果你能将房子卖给我,我保证每个月接你回来一两次,带你回到花园,

第 2 章 沟通的原则和要求

坐在这儿,和往日一样,赏花散步。"老人微笑点头,双方都很满意。老人还把整屋的古董家具都送给罗伊,还包括一架大钢琴。当爱的因素加进交易之中时,罗伊不可思议地赢得了经济上的胜利,更重要的是老人赢得了快乐和他们之间的亲密关系。

2.2 沟通的基本要求

沟通的基本要求就是自信、倾听、主动、真诚。

2.2.1 自信

自信是发自内心的自我肯定与相信。自信的作用,现在已被越来越多的仁人志士所注目。许多目光远大的企业家已将它列为挑选人才的重要标准。"自信不一定成功,但没有自信肯定不能成功"的观点被越来越多的人所接受。

> **案例**
>
> 日本东京帝国大学有一高才生,毕业后报考某公司,结果落选了。他痛不欲生,寻求自杀,虽被及时救下,却在脖子上留下了深深的痕迹。被救后,家人告诉他,幸好未自杀成,他的考分是该公司第一名,只是由于计算机的错误将他删除了。这下他喜出望外,就在他正准备请亲朋好友摆酒庆贺时,又传来消息,他未聘用就被解雇了。公司经理这样评价他:这个人知识和能力也许是第一名,但承受力太差,缺乏基本的自信。如果他来公司,一定不可能有作为的,假如公司濒临危险,他肯定是一个逃兵。我们不需要这样的人。

自信是人际交往的基础。随着社会分工的日趋明细,与人合作也将日益增多。自信的人一般善于表现自己,通过适当的表现形式,容易获得周围人的认可,从而产生成就感。

自信还能激发进取的勇气,更大限度地挖掘自身的潜力。当一个人有了自信心时,做事就有干劲,就会想方设法达到目的。

> **案例**
>
> 美国研究人员在一所大学挑选了 10 名运动员,要他们做一些常人看起来比较困难的练习,并将他们分成两组,第一组虽然很努力地去做,还是做不到。第二组到达体育馆时,研究人员告诉他们第一组失败了,"但你们这一组不同,"研究人员说,"把这个药丸吃下去会使你们达到超人的水准。"结果,第二组顺利地完成了练习。旁人问:"那是什么药丸?""不过是普通的药粉而已。"研究人员笑着回答。
> 第二组之所以能完成同样困难的练习,是因为他们相信自己吃过药丸一定能行。

21

要增强自信，可以通过下列途径：

回顾法——每个人从小学到现在，总有几件自认为得意、成功的事，将这些事一一记录下来，特别是一开始自认为很难做到，但最终完成的事。且随时把这样的事例添加到同一本小册子上。当你感到信心动摇时，就拿出小册子读一读，使自己时常想起过去的成就，这是重建自信的有效方法。

乐事法——一个人当他喜欢上某件事的时候，工作会更轻松，干劲会更足。所以，你应该尽量寻找自己所从事工作的意义，并让自己热爱它。假如你的目光只停留在工作的烦恼上，不但影响自身的心情，还会影响自己的信心，导致无兴趣→烦恼→无成绩→丧失信心。

自我嘉奖法——在与人交往及做任何工作时，只要自己向目标迈进了一小步，就可以自我肯定一下，并不一定要别人来称赞你"好样的"。当看到自己取得了成绩就对自己说："这是我做的，而且做得很不错"。你会感觉到自己是有能力的，让自己的信心更足。总之，哪怕是你取得了很小的成绩，也别忘记称赞自己一下。

信任他人法——沟通双方的相互信任是良好沟通关系建立的基础。和谐的人际关系必定是以信任为基础的。当你提高对别人的信心，增加对别人的信任时，你就能让自己成为受欢迎的人，这样你也会对自己更有信心。

克服害羞法——在现实生活中，我们可以看到这样一个有趣的现象：自信的人几乎不害羞，害羞的人往往不自信。所以，克服害羞也是增强自信的重要途径。要克服害羞，就要多加强在人前表现自我的锻炼。假如参加集会听课等活动，可选择前排或人群的中心位置，这样容易让别人发现你、关心你；与人交谈时，改掉不敢正视别人的毛病，努力用眼神与人交流；谈话时一定要让对方听得到并能引起别人的注意，不能喃喃低语。要常常对自己的大脑输入"我能""我愿去做"的信号，可以让自己变得自信。

2.2.2 倾听

倾听并不等于"听"。"听"是人与生俱来的听见声音的能力，是人的感觉器官对声音的生理反应。而"倾听"则不仅指用耳朵接受声音，而且也指用眼睛观察说话人的表情。倾听是更认真的、积极的听，是一种心智与情绪上的感受。

100个经典提示

14 研究结果显示，在日常工作中，我们花在沟通的时间，平均有45%是花在"听"上面，而且在醒着的时间里，有31.5%的时间是在"听"。

倾听虽然以听到声音为前提，但更重要的是我们对声音必须有所反应。倾听是一个主动参与的过程，听的人需要观察、思考、理解、反馈。

第 2 章　沟通的原则和要求

一般来说，我们很少只为消遣而倾听，总是带有一定的目的倾听。或为了获取信息，或为了享受乐趣，或为了了解对方，或为了寻求个人的满足，或为了肯定说话者的价值。

听与倾听的差别对照表

听	倾听
身体的本能反应	心智与情绪上的感觉
与生俱来的简单活动	需要分析理解的复杂活动
本能的自然能力	需学习才能掌握
同时可以听到许多声音	需有选择有目的地接受
有听力的人众多	有倾听技巧能力的人有限

假如你是一位管理者，通过倾听可获得同事、下属、顾客对自己的评价，有利于及时调整管理方案，获得更好的管理效果；假如你是一位初入社会的青年人，通过倾听可以弥补因自己的经验不够而带来的不足；假如你是一位有经验的人，通过倾听可以减少错误的发生。倾听有助于更多地了解他人、增加知识、改善与他人的关系，获得更多成功的机会。

案例

在美国曾经发生这样一件事：一个美国人在圣诞节之日乘飞机赶往家里，要与家人团聚。一路上，他幻想着团聚的喜悦。可是这架飞机在空中遭遇到猛烈的暴风雨，飞机脱离航线，随时可能坠毁。空姐要求旅客将写好的遗嘱放进一个特别的口袋里。在这万分危急的时刻，飞机在驾驶员的冷静驾驶之下终于平安着陆。大家都经历了一场生死离别的体验。当这位美国人回到家将死里逃生的感觉描述给妻子听时，妻子仍兴致勃勃地与孩子分享节日的愉悦，全然不顾他满屋子转着、跳着、喊着。男人叫喊一阵子发现没有人听他倾诉，他死里逃生的巨大喜悦与被冷落的心情形成强烈的反差，在妻子去准备蛋糕的时候，他爬上阁楼用上吊的古老方式结束了从险情中拾回的宝贵生命。

听对方讲一些自己感兴趣的话题、赞美自己的话语，通常大家都会乐意听。但对于自己不感兴趣的信息而且必须要倾听时，就要求我们掌握倾听的技巧：

良好的心态——倾听涉及沟通双方生理、心理、情感和智力等多种因素，具有明显的情绪化特点。一般情况下，一个人心境平和则倾听投入，富有成效。若心境烦乱，则话不入耳，效果不佳。可见，保持良好的心态是倾听者必须具备的心理素质和情感基础。

集中精力——不能有效地倾听，很大程度上是注意力不集中造成的。所以，要不断调动自己的注意力。注意力集中了，不但能使你倾听到信息发送者的言内之音、言外之意，还能获得信息发送者的好感。因为对方能从你的态度中感受到你对他的尊重。要集中精力，一个有效的办法就是把说话者看成是自己敬重的上级在传达对自己利益相关的信息。在"重要人物"发布"重要信息"的心理暗示下，能有效地将自己的注意力集中在倾听上。

明确目的——倾听目的越明确，就越能激励、督促交谈双方排除外界干扰，紧紧围绕所确定的目标去倾听、去思考，从而实现有效沟通，获取大量所需信息。

按照影响倾听效率的行为特征，可以把倾听分为五个层次：

（1）心不在焉地听。看似在听，实际上心里考虑着其他与谈话内容无关的事情。

（2）被动消极地听。看似在听，但未敞开心扉，听到多少、理解多少是个未知数。

（3）有选择地听。自己有兴趣的认真听，不合口味的统统屏蔽。

（4）认真专注地听。自始至终保持认真主动的态度接收对方传达的信息，但不确定全部理解说话者的本意、真意。

（5）设身处地地听。带着理解和尊重，积极主动与对方交流。站在对方的角度，替对方考虑。

适时反应——倾听时应注意与对方目光交流，并动态地根据对方的谈话内容，灵活运用各种有利于对方理解的神态和动作，如点头、微笑、专注、皱眉、迷惑，及时反馈自己的兴趣、感情和理解程度，以鼓励对方继续交谈。还可适时地巧妙提问，使自己获得更多更完整的信息。

听者的反应具体表现在以下五种：

（1）轻轻点头，然后等候；

（2）专心看着说话者；

（3）随声附和："嗯，好的，是这样，是的。"

（4）重复对方刚说过的最后几个字；

（5）表示你理解对方的意思了。

2.2.3 主动

沟通就是为了"了解自己，了解别人。""发现他人的需要，展现自己的需要"。因此，

第 2 章　沟通的原则和要求

一旦沟通缺失，就容易产生隔膜，长此以往，将造成不可挽回的不良后果。而沟通的缺失，往往是沟通双方不够主动所造成的。

这就要求我们要善于与别人合作，善于主动认识别人，主动请教别人，主动关心别人，主动与别人交往。虽然大家都希望有几个知心朋友，有许多好朋友，可是人往往会因为惰性或怯情习惯待在一个"舒适区"里，而疏于主动结交朋友，或主动与朋友联系，或懒得主动打电话问候朋友。久而久之，朋友疏远了，甚至见面连名字都很难准确喊出，自然朋友数量就会减少，就会影响你的沟通能力。

（1）主动交往

在主动与人交往时，不要总想着怎么实现自己的目的，交朋友的要旨是真诚，不能表面热情而内心冷漠，只有既考虑自己的目标也顾及他人的利益，才能使双方有继续交往的基础，才能在帮助自己的同时实现双方共赢。

要始终积极与外界保持联系，要始终关注周围的人，通过身边小事，发出积极的信号，让别人感到你一直在关心他们。例如，在智能手机与社交平台已普及的今天，可以将好友的微信、QQ 加入微信朋友圈或 QQ 群中，逢年过节，朋友生日等发一条微信祝贺一下，是一个不错的联络感情的方法。不要等到需要帮忙时才临时抱佛脚。

不要害怕暴露自己的弱点。与人积极接触、坦诚以待，难免会暴露自身的弱点。有人害怕这样而过于矜持和保守，往往丧失了与他人建立密切联系的机会，也同时丧失了自己的发展空间。

100个经典提示

15　善于同陌生人接触是成功人士区别他人的重要标志。

（2）主动反馈

对于有效沟通来说，主动反馈也是一个很重要的环节。也许大家都有过等待信息反馈的焦急体验，比如，你给招聘单位写了自荐信后的等待，托朋友联系购买急需物品时的等待，在单位向领导提出某工作环节更科学的建议后的等待，等等，如果没有及时反馈给你，你也许会产生"对方素质不高"的印象而不愿与其保持良好的关系。

在工作中，如果你能主动反馈，不但能建立较好的上下级关系、同事关系，还能为自己的晋升之路助力。当你主动把上级交办的事项进展情况进行及时的反馈，能有利于展示你的执行力，也有利于展示你解决问题的能力。

25

> 著名的心理学家布朗做过一个有趣的实验，结果表明：反馈及时与否效果不一样，越及时就越有效。
>
> 罗西与亨利把一个班的学生分成三组，每天学习后就测验。主试把第一组学习结果每天都告诉学生，第二组学生每周告诉一次，而第三组则一次也不告诉。如此进行了8周教学。然后第一组与第三组对调，第二组不变，也同样进行了8周的教学。结果第二组稳步前进，保持常态；第一组和第三组情况大变，即第一组成绩逐步下降，而第三组的成绩则突然上升。这表明，及时知道自己的学习效果对学习有非常重要的促进作用，并且是即时反馈比远时反馈效果更大。

（3）主动吃亏

"主动吃亏"指的是主动寻找"吃亏"的机会，这种机会是指没人愿意做的事、困难的事、报酬少的事，这种事因为没有便宜可占，大部分人都不爱去做，你主动去做了，上级领导会对你感激有加，同事会因你不贪便宜感到心情舒畅，这是对人际关系的一种投资。而你则因为多做事得到了比别人更多的锻炼，不仅懂得比别人多，也会进步得比别人快，这是人生的无形资产，是不能用金钱购买的。

做人如果也有"主动吃亏"的心态，那么你会成为一个受欢迎的人。因为人都喜欢占别人便宜，你吃亏一点，让人占一点便宜，那么你就不会得罪人，人人都当你是好朋友，你就能获得较好的口碑，在不知不觉中扩张了人际网络。反之，什么都想占便宜，结果会使自己成为孤独之人。

> **案例**
>
> 小张是一家出版社的编辑，文笔很好，他的工作态度更是令同事称赞。在他刚进出版社不久，社里正忙着进行一整套大书的编辑工作，每个人都很忙，领导没有增加人手，于是编辑部的人也被派到发行部、业务部帮忙。被派的同事去一两次就抗议了，只有小张很乐意地接受指派，并且常常将"吃亏就是占便宜嘛"挂在嘴上，所以大家都爱找他帮忙，连包书、送书、跑印刷厂、邮寄等工作他都干过了。两年后，小张因为业务熟悉，同事评价好被破格提到了主任的位置。他仍保持这种态度，对作者用"吃亏"换取信任，对员工用"吃亏"换取向心力，对合作单位用"吃亏"换取信誉……

2.2.4 真诚

在日常生活中，我们常常会看到这样的情景：购买商品时，买者拿起货物左看右看，心中想的是"这会不会是假货"？卖者拿起钞票对着亮处上看下看，心中想的是"这会不会是假钞"？戒心来自何处呢？是因为有太多的受骗经历，或听旁人多次说起过。人际交往缺乏真诚就会影响沟通的效果。

要使自己在沟通中获得成功，应该把握真诚的沟通原则。只有真诚，才能使沟通的双方心无隔阂，建立更纯真的友谊，在工作中也能得到真心的帮助，生活中得到真心的祝福。

当一个人以真诚之心待人时，他会变得虚心，会变得热心，又因他的虚心和热心会得到他人的接纳，能获得他人的真诚对待，有助于他成就事业。

真诚是良好的道德品质，是处理人际关系的前提条件。人人都有安全的需要，真诚会使人在交往时有明确的可知性和预见性，而不真诚或欺骗，则意味着与人交往存在受到蒙蔽和侵害的可能，就会产生不安全感或恐惧感。只有真诚，才能使他人放心，赢得他人的信任，别人也会对你推心置腹。

> **100个经典提示**
>
> 16 不但要真诚地对待他人，还要真诚地对待自己。这样才能正视自己的缺点，发挥自己的优势。

在沟通中要做到真诚，就必须做到对人热情，待人真心。对朋友的不足和缺陷能诚恳批评，对人对事都能实事求是，对不同的观点能真诚地陈述而不是口是心非。

在交往沟通时，并非实话实说而为真诚，真诚的表达还要讲究技巧。一是眼神坦荡，不躲闪；二是表情自然，不做作；三是举止从容，不夸张；四是言语亲切，不自大；五是真心待人，不虚伪；六是赞美他人，不在背后说别人坏话。

> **案例**
>
> 有一位权威教授在美国加州大学讲学，课上他提出了用老鼠做实验的结果。此时，有一位学生突然举手发问，提出了改用其他方法实验是否结果一样的问题。全场一下安静下来，因为科学不能靠猜测，而教授又未做过这项实验，有的人等着看教授的笑话。只见教授不慌不忙，直截了当地说："我没有做过这实验，我不知道。"当教授"我不知道"的话语落下后，台下响起了长久的掌声。
>
> 因为，大家佩服教授敢于承认自己不知道的诚实作风和勇气。

2.3 沟通成功的基本技巧

沟通是一个简单而又平凡的字眼，却无时不有，无处不在。可以说有生命的存在，就有沟通的存在。要获得成功的人际沟通,有一些基本技巧可以助我们一臂之力。

2.3.1 真诚表达对对方感兴趣

我们在与陌生人打交道时,可以通过语言、表情等表达对对方工作、学习的关切之心,可以表现出对对方的浓厚兴趣,用真诚打动对方。假如你用心记住了对方姓名、爱好、生日等基本资料,并在适当时候以实际行动表示自己的关心,会给自己创设一个良好的沟通环境。

案例

著名的人际关系学家戴尔·卡耐基非常注重运用记住生日的方法,开展人际沟通活动。他曾在一本书上这样写道:"多年来,我一直很重视查找朋友们的生日,怎么会这样做呢?虽然我一点也不相信星相学,但我开始时询问对方,他是否相信人的生日同人的性格和气质有关。然后,我就请他告诉我他的生日,如果他说是11月24日,我就不断重复11月24日、11月24日,等他一转身,我就写下他的名字和生日,然后再记录到一本专记生日的本子里。

每年年初,我就将这些生日在日历上做上记号,这样我就自然而然地注意起来了。生日一到,我就写信或拍电报祝贺。此举打动了多少人啊!我时常想我是在世界上唯一记得别人生日的人。"

2.3.2 对人笑口常开

笑容作为一种特殊而重要的表情语言,可以缩短人与人之间的心理距离,可以跨越语言障碍,成为一种世界通用语,广泛地应用在人际沟通之中。笑容不需要声音、不需要色彩,却能发出像磁石一般的吸引力,给人留下宽厚、谦和、热情、含蓄、亲近等印象,所以,要想成为受欢迎的人,就应该对人笑口常开。

100个经典提示

17 千万不要低估笑口常开的亲和力。千万不要浪费微笑的沟通资源。

2.3.3 听比说重要

"听"对于良好的沟通非常重要,沟通的关键往往是信息的接收者、听者,而非说话者。

如果你想使自己的谈话成功，你必须学会全神贯注地听取对方发表高见。每个人都需要有踏实的听众，如果有人倾听你的谈话，就会让你的心灵得到满足，你就会愿意与其交流，并且信任他们。同样，你的交流对象也期待着你能倾听他说话。有人说，通往心灵的大道是人的耳朵。认真听人讲话是对对方的尊重，能表明你对他观点的重视，就容易迈出友谊的第一步。

案例

1977年，两架波音747飞机在洛斯洛德斯机场跑道上相撞，两名飞行员其实都接收到了调度指令。一架飞机的飞行员接到的指令是："滑行至跑道末端，掉转机头，然后等待起飞准许命令。"但飞机员并没有将指令中的"等待"一事当做必须执行的部分。另一架飞机的飞行员接到命令是要将飞机转到第三交叉口暂避，但他将"第三交叉口"理解为"第三个畅通交叉口"，因而没将第一个被阻塞的交叉口计算在内。就在第二架飞机停在主跑道上的时候，第一架飞机以186英里/时的时速与之相撞。飞机爆炸了，583人遇难。这起不幸的事故就是由飞行员对信息的误解造成的。

2.3.4　慷慨赞美

每个人都渴望得到别人和社会的肯定，我们在付出必要的劳动和热情之后，都期待着别人的称赞。那么，把自己需要的东西慷慨地奉献给别人，不但体现了自己的大方和成熟，也是为自己注入了一笔人际关系的资本。赞美别人，表达的是自己的好意，传递的是情感，化解的是隔阂，获得的是信任。所以在与人交往时，别忘了慷慨地赞美对方。

赞美语言要真诚——赞美一定要依据事实，不能胡编乱造，任意夸大；要发自内心，不能带任何感情的机械性的话语，避免空洞、刻板的公式化的夸奖；要由感而发，不能言过其实，如果赞美过头，效果适得其反。

赞美内容要具体——赞美不能过于空泛笼统，应就事论事，只有说得具体，见微知著，才能使受夸奖者高兴，引起感情共鸣。同时，应注意使用感受性赞美，而非对比性赞美，即赞美你感觉到的对方的优点和长处，而不拿它与别人作比较。

赞美要及时——迟到的赞美已失去原来的味道，不会令人兴奋与激动。因此，赞美别人越及时越好，积极的影响也越大。

相关链接

赞美别人时应注意以下几点：

① 要有恢弘的气度，不可见不得别人好；

② 要有辨别能力，不能胡吹乱捧；

③ 要真诚赞美，而不能企求别人回报；

④ 要赞美有度，不能随意扩大，不然会让人觉得虚伪。

2.3.5 善于拒绝

拒绝是生活中常有的事。当别人的请求违反你的意愿时，当别人的要求超出你的能力范围时，当别人的好意邀请你因故不能前往时，你会选择拒绝。拒绝总会令人不快，有时甚至还会影响友情。所以，要讲究拒绝的技巧。

延时拒绝法——用缓兵之计，延时回复好友或亲戚向你提出的一些不切实际或根本办不到的事情。可以说"让我再考虑考虑吧""我再和其他人商量商量吧""让我想想办法，但我没有把握一定能办成"，等等。

先扬后抑拒绝法——可先肯定对方的提议，并用温和的语气缓和双方的关系，再用"可惜""不过""但是"等词，留有余地地拒绝，使对方不会陷入尴尬的境地。

入瓮拒绝法——先在言语中安排一两个逻辑前提，不直接说出逻辑结论，逻辑上必然产生的否定结论留给对方自己得出。

案例

A公司技术总监李华应邀去B公司访问。在会谈的时候，B公司肖副总问李华公司最新技术的有关细节问题。李华不好正面拒绝，就问："肖总，您能保守秘密吗？""能。"肖副总回答。李华笑着说："我也能。"肖副总一听哈哈一笑，也就不好意思再问了。

2.3.6 学会提问

一个不懂提问的人，他的沟通肯定是糟糕的。提问是你对别人感兴趣的一种表现，还是获取信息、获取协调观点的重要途径。提问可以是开放式的，也可以是封闭式的。开放式的提问是指对方回答时没有任何局限性，便于你了解别人、掌握信息，引发别人的兴趣。

封闭式的提问一般是让对方做出决定或是帮他做出决定，一般会让人心情紧张。所以，要想达到目的又让人心情愉快，需要正确选择两种不同的方式提问。

假如你要拜访一位成功人士，并想通过访问了解他更多的信息，让他对这次访谈感兴趣，就应该使用开放式问话："您能有今天的成就，真了不起，但您一定走了一段不太平坦的道路，能讲讲您是如何战胜挫折获得成功的吗？"

假如你想邀请成功人士到你指定的地方介绍经验，而时间又很紧迫，提问时就要使用封闭式提问："非常荣幸能够邀请到您给我校学生介绍您的成功经验，不知您这周或下周的周末是否有安排？"

相关链接

常见提问方式有：

（1）正问。这是一种开门见山的提问方式，即把你想了解的问题直接提出来。

（2）反问。从相反的方向提出问题，如"有不同意这个实施方案的吗？"

（3）设问。假设一个问题，启发对方思考，引导对方回答你所需要的结论。多用"如果""假如"或二选一的方式提出问题，并将期望的答案也放在其中。

（4）侧问。从侧面入手，探清对方意图。适合在特定场合对特定人物的提问。

（5）追问。循着对方的谈话，打破沙锅问到底。多见于学术讨论。

2.3.7 懂得道歉

具有高超沟通艺术的人都懂得道歉的重要性。当我们对的时候，要试着温和地、技巧地使对方同意我们的看法；当我们错了，就要迅速而热诚地承认。古话说得好："用争斗的方法，你绝不会得到满意的结果。但用让步的方法，收获会比预期的高出许多。"

道歉最基本、最重要的步骤是：

承担责任——当你迟到的时候，一句"我对于我没有尊重您的宝贵时间而道歉"比"我忘记打电话告诉你我要迟到了"要有效得多，如果你犯了错误，就要承担这个责任。

揭示后果——也许你不认为你的做法会引起如此大的反应，但还是有必要考虑到后果，如"我知道你现在对于我的迟到很生气。""我知道这些数据对于你的报告不可或缺，你好像已经因为这个而一团糟了。"

试着补救——有些错误是不难补救的，而有些事情却很难挽回，这时候你就要尽全力试着弥补，并确保以后绝不会再犯同样的错误。

100个经典提示

18 在人际交往中，倘若自己的言行有失礼不当之处，或是打扰、麻烦、妨碍了别人，最聪明的方法，就是及时向对方道歉。

2.3.8 努力克制自己

世上最应该约束而最难约束的是自己，如果你善于控制自己，那么约束别人就容易多了。特别是当自己遇到不顺心的事时，克制自己的情绪，很不容易。

学会忍耐——人之所以会发火，其主要原因是缺乏忍耐之心。要化一时的怒气为奋发的动力，才是最佳的处理方法。如历史上韩信受胯下之辱，成就了辅佐刘邦决胜千里、扫平天下的大业，就是一个典型的化怒气为动力的例子。

相关链接

《史记·淮阴侯列传》记载了韩信受胯下之辱之事。原文如下：

淮阴侯韩信者，淮阴人也。始为布衣时，贫无行，不得推择为吏，又不能治生商贾，常从人寄食饮，人多厌之者，常数从其下乡南昌亭长寄食，数月，亭长妻患之，乃晨炊蓐食。食时信往，不为具食。信亦知其意，怒，竟绝去。信钓于城下，诸母漂，有一母见信饥，饭信，竟漂数十日。信喜，谓漂母曰："吾必有以重报母。"母怒曰："大丈夫不能自食，吾哀王孙而进食，岂望报乎！"淮阴屠中少年有侮信者，曰："若虽长大，好带刀剑，中情怯耳。"众辱之曰："信能死，刺我；不能死，出我袴下。"於是信孰视之，俛出袴下，蒲伏。一市人皆笑信，以为怯。

转移怒气——懂得发泄怒气的有效途径是转移，也能息怒。要记住，在你生气或者完全失去理智的时候，千万不要做出任何决定。要学会对事不对人，对物不对人，这也是息怒之道。还可以离开发生问题的现场，用想其他事的办法，转移怒气。闭门静思也是息怒的好办法。

案例

汉代人张良年轻时桀骜不驯，好行侠仗义。传说，有一天他在桥上闲逛时，迎面走来一位老翁，穿着粗布短衣，故意在他面前将鞋子丢到桥下，随后叫他把鞋捡起来。张良好生恼火，但看老人年老衣破，顿生怜悯，就帮他捡起了鞋子。谁知，老翁又让他给穿上。张良真想一掌将老人推到桥下，但他还是忍住了，给老人穿上了鞋子。老人几番刁难，张良都没有发怒，老人便送给张良一本《太公兵法》。张良非常高兴，开始认真学习，终于帮助刘邦完成了统一大业，成为历史上赫赫有名的将领。

思考与训练

1. 沟通的基本原则有哪些？
2. 在与陌生人进行沟通时，如何应用相容原则？
3. 沟通的基本要求有哪些？
4. 沟通要求中的倾听与"听"有什么区别？
5. 技能训练题：

以小组为单位，选出一人为上门推销新书的人，其他同学扮演住户来练习与陌生人的沟通，尝试说服对方购书或谢绝购书。可轮流担任新书推销员。

要求达到的效果：寻找共同话题，让对方接纳你。

中 篇

日常沟通技巧

第 3 章

有声语言沟通技巧

> 👉 **学习目标**
> - ☐ 掌握交谈技巧，学会适时地展开和结束话题。
> - ☐ 懂得交谈在沟通中的作用。
> - ☐ 掌握电话沟通的技巧。
> - ☐ 了解会议和演讲的沟通技巧。

3.1 交谈的技巧

交谈是指人们借助一套共同的语言沟通规则交流情感、互通信息的双方或多方的语言活动。交谈在人际交往中有着十分重要的意义。人类语言，开始就是起源于有声语言，就是人们用来彼此交谈的。随着人类社会的进步，人类思维能力的发展，语言也在不断发展，人类的交谈逐渐频繁起来。到了现代社会，交谈已成为人们日常生活中最主要的口语表达方式，它起着统一思想、广集信息、传播知识、推动社会生产力发展、促进人类文明进步的重大作用。

> **100个经典提示**
>
> **19** 交谈作为沟通的一种很具体和常见的方式，最能体现一个人的修养和学识，同时也是沟通中最容易出现差错的环节。

3.1.1 有效的开场白

交谈时，见面的第一句话是给对方的第一印象，说好说坏关系重大。开场白一般都是一些常用的套话，假如对方不了解你是谁，最好先做自我介绍。常见的有以下几种方式：

攀认式——留意自己的交谈对象，寻找出双方这样或那样的"亲"或"友"的关系。

敬慕式——对初次见面者表示敬重、仰慕，这是热情有礼的表现。

问候式——以"您好"向对方问候致意，或根据对象、时间不同，使用不同的问候语，向对方表示问候。

总之，说好了第一句话，有了和谐气氛，交谈就比较容易展开了。

3.1.2 话题的巧妙展开

交谈开始后，就应该一鼓作气地展开话题，自如发挥，将谈话推到更高更美的境界，以获得最佳效果。

要巧妙地展开话题，可以采取下列几种方法：

引导深入法——如果对方欲言又止或难以启齿时，可以抓住对方说话的内容、语句中的某一点，适时加以恰当的引导，可使谈话深入展开。

相互补充法——由于对方的谈话不能全面或不够深刻，那就需要你加以补充，才能使交谈的话题进一步展开。

列举事例法——为了表示赞同或反对对方所谈的观点，可以列举事例加以印证或否定，也能促使交谈话题的展开。

情绪感染法——为使交谈话题充分展开，不仅要在交谈的内容上引导深入，还要在情绪上激发对方。

> **100个经典提示**
>
> **20** 如果发现周围的人不愿意与你交谈，那就要检查一下你在选择话题方面是否存在问题。

3.1.3 交谈中的提问要领

交谈中会向对方提一些问题，提问时要注意四个要领：

（1）要平等待人，不能问之失情

刚见面时，提问者要注意礼貌热情，点头微笑。得体地询问有关情况，谈一些对方关心和感兴趣的话题。提问过程中要真诚热情而不骄傲自负，认真持重而不矫揉造作，做到平等待人。

（2）要由浅入深，不能问之失序

一般来说，开始多提"是什么"，继而多提"为什么"，然后再联系实际多提"怎么办"。提问者要有耐心，循序渐进地进行提问。当一个问题提出后，还应给对方思考回答的时间，不能再三催促，或急于转换话题。

（3）要把握火候，不能问之失时

在交谈时，当对方谈兴很浓、畅所欲言时，要抓住时机继续提问；当发现一掠而过的有价值的只言片语时，既要跟踪追击、抓住不放，又要恰到好处，适可而止；当发现对方有意回避某一问题，经询问而不愿回答时，应及时转入其他话题，不能穷追不舍。

（4）要因人而异，不能问之失度

由于交谈的对象素养不同，他们的认知能力和智力发展也不相同，因此，对深浅不同、难易不同的问题，要因人而异，使提问的形式、用词、范围，能适应对方的阅历水平和习惯。即对文化水平较高的人，提问时语言要文雅一些，不能太俗气，反之则应平淡一些，太文雅会使对方觉得你在耍弄他。如果对方因为羞怯而不爱讲话，你就应先问点无关的事，比如问问他工作或学习的情况，等气氛缓和了，再把话题导入正轨。

案例

甲、乙两个信徒都很爱抽烟。一天祷告时,甲问神父:"我祷告时可以抽烟吗?"神父生气地说:"绝不可以!"乙问神父:"我抽烟时可以祷告吗?"神父和蔼地说:"当然可以!"

3.1.4 交谈中的答问技巧

要回答对方的提问,可以用以下几种答问技巧:

(1)无效回答

即用一些没有实际意义的话去做非实质性的回答。可分为有效性无效回答和纯无效回答。所谓有效性无效回答,即表面上看没有直接回答问题,实际上却有很深的内涵需要对方去领悟;所谓纯无效回答,即答话中找不到任何答案,要想得到答案,只有到别处寻觅。

案例

有人问作家秦牧:"为什么文艺要'干预生活'?"秦牧先把问题撇在一边,从另一个话题谈起:"比如这里有位母亲,腿上生了一个毒疮。大儿子置若罔闻,老是念叨'母亲啊,您多伟大,多慈祥'之类的颂词;而小儿子顾不得说那些甜言蜜语,一心要根除妈妈身上的隐患,请来一个医生,一刀切去母亲腿上的毒疮。你们看,哪个儿子好?"

作家正是通过恰当的比喻,不作正面回答,而是另找一种与正面答案相同,但内容更明白、更易让人领会的答复。

(2)答非所问

对有些问题,要回避其锋芒,以求回答得婉转而具体。如家长问老师自己孩子的成绩怎样,老师会答非所问地说,要是能抓紧点,成绩不会差的。既没有直接回答其孩子的成绩不好,也没有让家长因孩子成绩不好而失面子。

案例

20世纪50年代,有位西方记者问周恩来总理:"中国人民银行有多少资金?"这是涉及国家机密且略带挑衅性的问题,问意显然是嘲讽我国贫穷。如实相告,很不得体;冒说富足,不合实际,此问实难回答。但总理却从容不迫地回答说:"十八元八角八分",随后又不慌不忙地说,"我们的人民币票面币值是十元、五元、二元、一元、五角、二角、一角、五分、二分、一分,合计是十八元八角八分。"同时画龙点睛地说明,我们的人民币是以人民的信任、拥护为后盾的。这迂回委婉的似答非答,既堵了记者的口,维护了国家利益,又活跃了交际气氛,还暗含戏谑对方之意,可谓一石四鸟。

(3) 避而不答

这种方式是对付那些冒昧的提问者所提出的问题。有时，某些问题自己不宜回答，但对方把问题推到面前，保持沉默显得被动，就可以避而不答。

(4) 以退为进

有些提问者或交谈对象语气咄咄逼人，对此，可以采取以退为进的方式回答，即先把话承接下来，然后适当回敬对方。

(5) 间接回答

有些场合，对方常提出一些敏感的问题，用以试探你真正的意图，或故意提出挑衅性问题以达到刁难的目的。对这样的问题可以用间接回答的方式，能收到较好的效果。

> **案例**
>
> 20世纪30年代丘吉尔访问美国时，一位反对他的美国女议员对他说："如果我是您的妻子，我会在您的咖啡里下毒药"。丘吉尔狡黠地一笑，答道："如果我是您的丈夫，我会喝下那杯咖啡的。"
>
> 丘吉尔在多次的演说中，都表明要与苏联联合抗德军的观点，一位记者就这一问题问他为什么替斯大林讲好话，丘吉尔说："假如希特勒侵犯地狱，我也会在下议院为阎王讲话的。"
>
> 丘吉尔并不直接亮明自己的立场，而是用幽默的表达方式，把自己的观点寓于其中，让对方去回味。

3.1.5 话题的圆满结束

一次成功的交谈，有了良好的开头、巧妙的展开，还要有圆满的结局，方能产生"与君一席话，胜读十年书"的效果。

结束话题的方法有：

(1) 征询式收尾

指交谈完毕时，主谈者根据交谈目的与交谈情况，说出向对方征求意见、看法、建议、忠告等话语。运用征询式收尾，可以给人一种谦逊大度的印象，使对方做到心悦诚服，不仅能增强交谈效果，而且有利于增进双方情谊。当你与下属交谈结尾时，可说："你有别的什么要求和意见吗？"从谈者可以在结尾时说："除了上述所谈的工作任务外，你对我还有其他要求吗？"

(2) 归纳式收尾

指将所谈话题的主要内容作适当总结，使之清晰明了，印象更为深刻。切忌在双方热烈讨论某一问题时，突然将对话结束，这是一种失礼的表现。

(3) 交待式收尾

指交谈双方觉得有些情况和问题带有范围性、对象性和保密性，必须在交谈结束时向对方进行交代。

(4) 道谢式收尾

道谢式收尾具有较强的礼节性，它的基本特征是用"客气话"为交谈的结束语和告别语。

> **100个经典提示**
>
> **21** 笑容是结束谈话的最佳句号，因为最后的印象，往往也是最深的印象，可以较长时间留在双方的脑海之中。

3.2 演讲的技巧

演讲又称演说或讲演，是一个人面对众人较为系统的讲话，是一种最高级、最完美和最有审美价值的口语表达形式。演讲既是一门科学，又是一门艺术，是将语言、情感、态势诸因素有机结合在一起，点燃人们心灵之火的科学与艺术。

> **100个经典提示**
>
> **22** 演讲是一种最直接、最灵便、最主动、最有效的宣传沟通艺术。

3.2.1 演讲的特征

演讲与一般的口头语言有着不同的特征。

现实性——演讲属于现实活动范畴，具有较强的时代性。它是演讲者通过对社会现实的判断和评价，直接向听众陈述自己观点的现实活动。

艺术性——演讲的艺术性在于它具有统一的整体感和协调感，即演讲中的各种因素形成一种相互依存、相互协调的美感。

鼓动性——演讲者以自己炽烈的情感，传播真、善、美，以演讲的直观性与听众直接交流，极易感染和打动听众。鼓动性是演讲成功与否的一个重要标志。没有鼓动性，就不能称其为演讲。

工具性——演讲是一门科学，更是一种手段，是人们交流思想的工具。任何思想、任何学识、任何发明创造，都是可以借助演讲这个工具来传播的。

在演讲中，要注意的两种倾向：

一是只"讲"不"演"，只注重它的实用性而忽略了它的艺术性；

二是过分的"演"而冲淡了演讲的实用性、现实性和严肃性。

所以，演讲忌"演"又要"演"。不能像相声小品那样演，也不能像报告、讲话那样讲。

3.2.2 生动语言的表达技巧

生动地使用语言是演讲语言表达的重要方面，它可以使演讲词语表达准确、清楚、有趣，使演讲具有生命力。

意象——是融汇演讲者主观情思的客观物象，如同一个好的小说家有能力用文字造出图像，使读者沉浸在故事中一样，好的演讲者也可以用这种方法，让听众有身临其境的感觉。

节奏——运用节奏是为了更好地表达情感。演讲中保持张弛有序的节奏，可以提高听众的兴趣，保证演讲的效果。

煽情——演讲要达到煽情的效果。使用排比句是非常煽情的，在演讲的高潮部分适度加入排比能起到锦上添花的效果。

3.2.3 优美声音的效果技巧

声音是一种强有力的沟通手段，具有灵活自如、可以按照理想要求进行改变的特点，能够表现出比我们所说的词语更重要的感觉。

语速——演讲时语速要适中，富于变化。过于平板的语速容易使人陷入单调的境地，这时需要用一定的提速来突出激情部分，突出、加强自己想强调的部分。演讲时还要防止两个极端：过慢或过快。如果每分钟语速不到100个字容易让听众产生无聊、欲睡的感觉。太慢还显得拖沓，容易让人失去耐心，也给人以缺乏力度和激情、技巧不熟练、对演讲内容不熟悉等错觉。过快就是每分钟超过240个字，听众无法跟上演讲者的思路，效果也不佳。太快还让人听不清楚，对主要观点难以形成深刻的印象。而急促的语速也给人以过于紧张、缺乏控制力的错觉。

重音——是指演讲过程中为突出某个词或词组的一种发音方法。一个演讲或一段话中总会有一些关键词或重点词，可在演讲前先梳理一下，演讲时用重音与轻音的变化突出这些词。讲到这些词时可适当放慢速度，让听众听得更清楚，加深印象。同时，可用适当的手势、停顿、反复等手法来强化效果。重音的主要技巧在于咬字的音量和力度，可以把听者的注意力引向重要内容，但不能过多地使用。

停顿——在演讲中要合理地使用停顿，最好选择思路单元的末尾进行，而不要放在一个想法的中间进行，更不要用"嗯""啊"等语气词去补白。演讲停顿一般分为语法停顿、逻辑停顿和心理停顿三种形式。适当的停顿是考虑听众的接受度，要让听众有足够的时间消化你想传递的信息，同时也给自己控制节奏、理清思路、观察反馈以时间。停顿时间不宜过多过长，以免形成拖沓的印象，要保持一定的语句连贯度。

吐词——吐字清晰、发音准确才能使演讲效果更好。演讲最基本的一点就是要让别人听清楚自己所讲的，所以吐词一定要有力、清晰。要善于用腹中的气，很清晰地将要讲的语句尽量送到远处，直达听众的心中，这样语言才显得有力度。要避免和尚念经般含糊其辞，让人不知所云。吐词含混也给人自信心不足的感觉。所以，平时应注重多练习发音，纠正带家乡口音的发音习惯，使自己的吐词能字正腔圆。

语调——是演讲中的调味品。即指在声音上表达出来的高低、轻重变化，通过这种变化来表达演讲者的情感内容。一般语调有平直、升扬、交曲和下降四种类型。在演讲时只有配上恰当的语气语调，才能产生形象色彩、理性色彩、感情色彩、风格色彩。采用什么语调演讲要根据演讲内容的感情决定。严肃、平淡、压抑的句子用平调；疑问、反问、设问、呼唤的句子用升调；欢迎、惊讶、讽刺、暗示的句子用曲调；感叹、肯定、赞颂的句子用降调。一般情况下语调以从容、有力作为主基调，适当加入高潮式的高音量和语调为佳。

相关链接

不同的思想感情采用不同的语调，可获得更准确的效果。

情感色彩	语调	表达的思想感情
亲和感	气徐声柔	爱的感情
挤压感	气促声硬	恨的感情
迟滞感	气沉声缓	悲的感情
跳跃感	气满声高	喜的感情
紧缩感	气提声凝	怕的感情
紧迫感	气短声促	急的感情
震动感	气粗声重	怒的感情
踌躇感	气细声黏	疑的感情

3.2.4　开头的基本要求

好的开头能在演讲者和听众之间架起一座沟通的桥梁，为演讲的成功奠定基础。好的

第3章 有声语言沟通技巧

开头可以迅速吸引听众，也可以将演讲迅速引入正文。虽然演讲的开头形式有多种多样，但还需满足下列几点要求：

（1）要引起听众的兴趣和注意

听众是自私的，他们只是在感到能从演讲中有所收获时才专心去听演讲。美国大律师克拉伦斯·达罗曾经说过，"除非能立即调动起听众的兴趣，否则，演讲人会遇到失败"。演讲开头成败的关键在于能否吸引并集中听众的注意力。演讲时获取听众注意力的方式随题材、听众和场景的不同而改变，一般可以运用事例、轶闻、经历、反诘、引言、幽默等手段达到此目的。

> **案例**
>
> 麦克米兰石油公司副总裁迈克斯·艾萨克松在一次演讲的开头，运用引言和反诘的方法来吸引听众：
>
> "我们都知道，演讲是件很难的事。但是请听听丹尼尔·韦伯斯特是怎么说的吧，'如果有人要拿走我所有的财富而只剩下一样，那么我会选择口才，因为有了它，我不久便可以拥有其他一切财富。'那么，为什么许多有才华的人偏偏害怕演讲呢？"

（2）要强调主题的重要性

在大多数情况下，演讲的开头应揭示出演讲的目的。如果做不到这一点，那么听众要么会对演讲失去兴趣，要么会误解演讲的目的，甚至会怀疑演讲者的动机。梁启超在《饮冰室文集》中说，"文章最要令人一望而知其宗旨之所在，才易于动人"。演讲和作文的道理是一样的，演讲的开头便是为"一桌酒席而开的菜单"。好"菜单"令人一看而知其味，知其实，才有心"吃"下去，否则会离"席"而去。

（3）要建立良好的"第一印象"

正如文章开头不易写一样，演讲的开场白也不容易把握，要想三言两语抓住听众的心，就要以其新颖、奇趣、聪慧之美给听众留下良好的第一印象。这样才能控制场上气氛，在短时间内集中听众注意力，从而为接下来的演讲内容搭桥铺路。

> **案例**
>
> 这是一篇有关投资方面的演讲开头：
>
> "想象一下，现在是2055年，你已65岁了，有一天你收到了一封来信，打开信后里面有一张10万元的支票。这不是你买彩票中奖，也不是父母给你的遗产，而是你在40年前一笔小投资赢来的收益，你一定会欣喜万分的，那么如何选择投资呢？……"

（4）要概述你的要点

演讲时，应当利用开头部分对演讲内容加以概述，让听众了解演讲的中心思想和结构。特别是当演讲的主题很复杂，或是专业性较强，或是需要论证几个观点时，这样做就能使演讲显得清楚而易于理解。不能让听众猜测你要讲的要点是什么，否则将影响演讲效果。

3.2.5 演讲的主体

演讲的主体即正文部分，是演讲的核心内容。要求演讲者在主体部分能做到内容丰富，信息量大，能够给听众以充实的知识、富有启发性的思想。所以，主体部分的要求可概括为四点：

第一，思路清晰，主题明确。演讲需要才华横溢，幽默生动，但不能东拉西扯，不着边际。在组织材料时，演讲者一定要围绕主题取舍材料，而不能一味堆砌，废话连篇。

第二，层次分明，结构严谨。演讲如同一篇文章，每一个段落、每一个小节的内容安排，必须有着内在的关联，纲目分明，推理过程符合逻辑。

第三，内容充实，语言简练。演讲的内容不能假、大、空，而要真实感人，典型具体。选择能体现主题的材料，舍弃与主题无关的内容，按照听众需求，以简练幽默的语言，吸引听众，达到演讲的最佳效果。

第四，节奏适度，张弛有致。演讲的特点在于既"讲"又"演"，以"演"助"讲"。所以，要求演讲的主体部分要考虑听众的接受能力，方便问题的提出，方便听众的理解和接受，还要方便演讲时的既"讲"又"演"，有张有弛，让听众在听演讲时享受到一种乐趣。

> **相关链接**
>
> 演讲稿主体结构的常见方式：
>
> 1. 并列式——围绕演讲稿的中心论点，从不同角度，不同侧面进行论证，各层次地位平等，可以互换。
>
> 2. 递进式——是一种层层深入法。即对演讲主题进行层层剖析、论述和证明，使听众在剥笋式的论证过程中明确演讲意义。
>
> 3. 对比式——对不同的事物或同一事物的不同方面进行比较，通过分析对比其相同点或差异处说明一个道理。

3.2.6 结尾的艺术

结尾是一场演讲中最具有战略性的部分，就如平时吃花生，如果吃到最后一粒是坏的，那么原先的香脆感会全部消失。所以，结尾要力求让演讲者最后几句话长久地保留在听众的记忆中。

(1) 总结观点

能让听众记住演讲内容的主要观点,使中心思想更突出。所以要总结观点,是因为一般的演讲者会不知不觉地使讲话范围涵盖得很广泛,以至于结束时,听众对于他的主要论点究竟在何处仍感到有些困惑。在实际过程中,演讲者往往有种错误的想法,认为自己所讲的观点在他们自己的脑海中如同水晶那般清楚透明,听众也应该对这些观点同样清楚才对。而事实上,往往并不尽然。

(2) 鼓动号召

成功的演讲者在演讲最后,会号召听众采取行动的时间已经到来,时机已成熟,大家明确要做的事能做的事,请求大家采取行动。号召行动要遵从以下原则:一是要求他们做明确的事;二是要求做能力之内的事;三是尽量使听众易于根据请求采取行动。

(3) 真诚赞扬

采用这种方式能使听众感到愉快、高兴,并对前途充满乐观。但是,为了充分收到效果,演讲者的态度必须很真诚。不可阿谀奉承,不可夸大其辞。这种方式的结尾,如果不能表现得很真诚,反而让人觉得虚伪,效果就不好了。

(4) 引用名言

找到一段适合主题的引用语结尾,可以增加主题的权威性,帮助总结观点。在所有的结尾方法中,幽默或诗句是最易被听众接受的。演讲者如果能在结尾中充分、灵活地运用这种手法,将会起到画龙点睛的作用。另外,如果能找到合适的短句或诗句作为演讲的结尾,不仅能表现出你个人的独特风格,更能够产生美的感受。

(5) 激发高潮

激发高潮就是逐步向上发展,在结尾时达到高峰,句子的力量愈来愈强烈,采用立言立誓的方式,给人信心。这种方法是很普遍的结束方法,不过往往较难控制,需要处理得当,方能产生好的效果。

 案例

在一篇主题是诚实守信的演讲中,结尾是这样的:

"在今天这个市场经济的时代,在这个比任何时候都更需要美德和诚信的时代,让我们牢记:国不信不强,商不信不富,行不信不果,人不信不立。"

3.3 会议的沟通技巧

无论何种性质的会议,目的都是要通过信息交流和研讨,达成共识,解决问题,得出结论。

100个经典提示

23 会议是一种很有效的沟通手段,面对面的交流可以传递更多的信息,尤其是很多需要各部门协作的工作,就更需要会议来协助运作。

3.3.1 会议前的准备工作

会议前要安排好会议的议题、议程、与会者名单以及会议的现场布置等内容,否则将难以保证取得会议沟通的预期目标。具体工作有:

制订议程安排
- 充分考虑会议的进程,写出条款式的议程安排。
- 确定会议的召开时间和结束时间并和相关部门做好协调。
- 整理相关议题,并根据其重要程度排出讨论顺序。
- 把议程安排提前交到与会者手中。

挑选与会者
- 要以少而精为原则。
- 信息型会议要通知所有需要了解该信息的人都参加。
- 决策型会议要邀请能解决问题且有一定影响力的权威人士,以及对决策者能做出承诺的人。
- 应对某些未在会议邀请之列的相关人士说明原因。

会议室的布置
- 要以适宜沟通为原则。
- 首选方便且实用的会议室。涉及组织形象时,一般采用酒店、会展中心的专用会议室。
- 选择会议室要为与会者的身体舒适需要考虑,如温度、采光、规模、通风等因素。
- 桌椅排列要根据会议沟通需要选择,或课堂型或圆桌型。

3.3.2 会议进行时的要求

无论会议前的准备工作如何完美,在会议进行时,如果不能有效地控制会议,也是不能取得好效果的。所以,还要注意下列问题:

会议开场时
- 准时开会，能让与会者感到会议组织者的工作效率和领导能力。
- 向每位与会者表示欢迎。尽量营造组织者和与会者之间的和谐氛围。
- 把参会的主要人员介绍给大家。
- 强调会议的主题和会议的重要性。

会议进行时
- 充分发挥主持人的沟通技巧。
- 主持人要留意会议的进程，讨论时防止出现"一言堂"。
- 争论出现时要保持清醒头脑，肯定其热情并及时转移话题。
- 要有时间意识。

会议结束时
- 总结主要的决定和行动方案，以及其他主要结果。
- 回顾会议议程，表明已完成的事项及待完成的事项。
- 征询与会者是否还有话要强调。
- 对会议进行评估，在积极健康的氛围中结束会议。

3.3.3 与会者的素质体现

会议成功与否在很大程度上取决于与会者的配合。作为一个有素质的与会者，应该有责任意识到会议所需的成本，准时参加会议并做好相应的准备工作。

> **100个经典提示**
> **24** 当你外出参加会议时，你的个人表现还代表着你所在的组织形象。

当接到会议通知时，与会者应该对议事日程的主题和目标有较好的理解，确保在会议上自己所谈的看法有一定的质量。

参加会议时，与会者要当一名好听众。即认真听取别人的发言，无论对方的观点自己是否赞同，仍应耐心地听完他人的整个想法，而不是粗暴地打断。之后加以分析，提出自己精彩的想法。

会议需要与会者良好的合作。一个好的与会者，应主动按照组织者所提要求去做。

> **相关链接**
> 按照会议目的，会议可分为解决问题型会议、决策型会议、信息分享型会议、多重功能型会议。
> 解决问题型会议——是为了对某个现有问题找出一种解决办法所召开的会议；
> 决策型会议——它的重点不是在对导致问题产生的原因分析上，而在于应该采取何种行动上；

信息分享型会议——是向大家通报在特定领域或对某一问题研究的进展情况；

多重功能型会议——即把两三种会议功能结合在一起的会议形式，需要很好地控制。

3.3.4 散会后的善后工作

会议结束后，并非会散人散就完成任务了，还应做好会议后的一系列工作，如寄送会议决议，电话致谢应邀出席会议的重要人物，跟踪大家同意进行的行动，向上级领导汇报会后成果等。人们往往因为工作忙而在散会后忽略会议布置的工作，所以不能轻视会议后的联络工作。

案例

秘书凯莉的一份议事日程：
日期：2016年8月28日
发自：亨利·威尔逊
会议时间：2016年8月30日下午2：30
会议地点：公司806会议室
会议主题：实习计划
所需时间：约1小时
参加人员：生产、营销、财务、人事等部门主任
会议背景：公司连续三年接收大学生实习，效果不错，为公司赢得较高声誉。
会议原因：有更多的学校希望送毕业生来公司实习
会议目的：是否要和有关大学拟定实习计划？

3.3.5 会议的主持技巧

会议的主持人在约定的会议开始时间里，要尽快使会议进入正题，其方式有两种：一种是比较正式的会议，可以由主持人或其他重要人物的正式讲话开始；另一种是非正式的，可由主持人用一个与会议主题有关且与会场气氛融洽的故事或幽默笑话引入正题。会议是多人进行交际沟通的场合，在主持人的把握下，能使会议一开始就出现一种良好的或适宜的会议氛围，对会议目标的实现很有帮助。具体的技巧有以下几种：

（1）营造"会议群体感"

即从心理上让与会者对会议有一种认同感。这就需要主持人想方设法使与会者有一种会议群体的强烈归属感。"会议群体感"对于调动与会者的积极性，承担其职责，增强会议内聚力，实现会议目标很有必要。要营造"会议群体感"，主持人可以在会议间隙到与会人员中间去，与他们交流，在会议中把这次会议定义为"我们的会议"，避免使用"你们"等

称呼会议成员。当然，会议的主办方可以使用会议标志（如会议代表证、会标等），以营造"会议群体感"。

100个经典提示

25 "会议群体感"的建立有利于会后参会者之间的交流。

（2）充分利用与会者的经验和专长

每一个与会者都有自己特殊的学识文化、阅历和经验，主持人应尽力调动这些潜在因素的功能，让与会者发挥自己的特长，提出有建设性的意见。主持人可以创造机会，调动大家的发言热情，也可以以留言等形式，书面留下大家的意见。当然，主持人在会前应作一些了解，除了了解与会者的各种特长外，还应了解与会者参会的目的，并对不同的目的加以分组和归类。这样不仅能让与会者对会议组织者满意，更能激发与会者畅所欲言。

（3）宽容对待与会者的错误

会议成员有时会有不适当的言谈举止，对此，主持人不宜采取激烈的批评态度，而应尽量宽容，随着会议的进行，相信他们会有所修正和改进，不适当的批评会破坏会议的气氛，使整个会议中的人际关系紧张，从而影响会议的效果。当然，对蓄意破坏会议者必须给予还击。

3.4 电话的沟通技巧

电话是现代社会常用的沟通媒介。电话虽然人人都能使用，但并非人人能会正确有效地使用，而使用不当将会影响沟通效果。

100个经典提示

26 电话不仅能反映接打电话者的情绪、文化修养和礼貌礼节，同时也能反映一个组织的员工素质和组织形象。

3.4.1 接打电话的基本技巧

电话机旁应备记事本和笔，可及时记录；拨打电话前应先整理电话内容然后再拨电话，这样能防止丢三落四；还要注意态度要友好，微笑通话，让对方在通话中感受友好；要有适当的语速和语调，不能连珠炮似地快速通话，也不能一字一停顿慢语慢言；不使用简略语或专用语，让人费解；对于重点内容要重复，加深印象。

> **相关链接**
>
> 影响电话接听质量的因素有：
> ① 语调的高低速度；
> ② 电话措词；
> ③ 双方的通话环境；
> ④ 电话线路质量；
> ⑤ 双方的态度。

3.4.2 接打电话的程序

接听电话的程序：

听到铃声马上拿起话筒 → 问候并自报家门 → 确认对方 → 记录并商谈有关事项 → 复述、确认要点 → 道别、挂机 → 整理记录

拨打电话的程序：

准备通话提纲 → 检查电话号码 → 拨出电话 → 问候并自我介绍 → 确认对方 → 陈述内容 → 复述通话内容 → 道别、挂机 → 整理记录

> **100个经典提示**
>
> 27　通话结束待对方放下话筒你再轻放话筒更显你修养好。

3.4.3 接打电话的注意事项

（1）选择恰当的通话时间

恰当的时间是指不要干扰他人的休息和工作。一般早晨8点前，晚上9点后，中午12点至14点之间，不拨打他人的电话，周末休息时间一般不打公事电话，遇有特殊情况应予以说明并致歉。

（2）用语要简洁

正常情况下，采用"通话三分钟"原则。啰嗦容易忽略通话内容的重点，而且占用他人过多的时间是不礼貌的。可使用简单、直接的语言，如"是的""好的""谢谢您"等，字要咬清，如辨清"黄、王""董、总"等发音相近的字。

(3) 拨错电话要致歉

拨错电话是难免的，如果拨错电话就一定要注意向对方道歉。不道歉是有违礼仪要求的。

(4) 代接电话要记录

接到代接代转的电话，要注意尊重对方的隐私，不能打听对方不愿说的事。注意准确记录来电者的单位、姓名、来电时间、通话要点、电话号码、回电时间等内容，及时告知对方要找之人。常将"请""谢谢""对不起"挂在嘴边。常用"您"取代"你"，不说"讲""说"等带有命令的语言。

> **100个经典提示**
>
> 一个人的记忆力是有限的，即使是人们用心去记住的事，经过 9 小时遗忘率高达 70%，日常琐事遗忘得更快。

3.4.4 正确使用手机

手机又称移动电话，其便捷、高效的特点受到人们普遍的青睐。但许多手机使用者常常忽视手机使用时应注意的事项，难免会影响自身形象。

(1) 要遵守公共秩序

遵守公共秩序，即在公共场所通话时要顾及他人。不要在开会时间、听课时间使用手机，否则会让人觉得工作不专心，或分散他人注意力。在某些特定的公共场所，如剧院、音乐厅、图书馆、会议室、课堂等严肃、安静的场合，应将手机关闭或调至振动挡，以免手机突然响起，影响他人，同时也影响自己的形象。

(2) 要注意通话方式

有他人在场的情况下，通话时，说话声音要轻，特别是公共场所不能旁若无人地大声说话，更不能高声喊叫。若有条件，可找一个僻静的场所接听，以免干扰他人。

由于有些场合手机信号不佳，很多人习惯对着手机大声说话，其实这毫无必要，只需要保持打固定电话时的声调即可。

(3) 要自觉维护安全秩序

做到不在驾驶汽车时使用手机，否则会造成安全隐患。也不要在病房、油库等处使用手机，免得手机信号干扰仪器的精确度，或引发火灾、爆炸等。乘飞机时必须关闭手机。

100个经典提示

28 无论是接听还是拨打电话，态度上都应谨慎、礼貌、专注、亲切。

3.4.5 接听投诉电话的技巧

接听投诉电话，应保持平和的态度，多听少说，尤其不能推托责任。要避免向投诉者表露自己的不耐烦情绪，避免与投诉者纠缠以往的不快，避免向投诉者陈述组织内部的运作细节和内部人员之间的矛盾。对于确因本单位、本部门造成的工作失误或产品质量问题，而带给对方不满或不便，无论是否与你有直接关系，都应该给予对方真诚的道歉，并同时认真做好记录，按程序逐级反映。

相关链接

企业处理客户投诉的几个步骤：
① 告诉对方你的名字或工号，并表达你会尽力解决他的问题的意思；
② 向客户真诚致歉，不刻意找理由推卸责任；
③ 让客户发泄不满，引导他把不满说出来，既可以让对方消气，也可让自己掌握足够的资料，便于处理；
④ 把客户的意见写在纸上，表示重视，并复述给客户听；
⑤ 处理完毕后，必须把经过告知客户，询问其是否满意。

思考与训练

1. 在与陌生人初次交往的谈话中，你将如何打开话题？
2. 为什么说演讲是以讲为主、以演为辅、讲演结合的信息传播方式？
3. 请说出规范接打电话的程序。
4. 技能训练题：

① 假如要以"创业创新"为主题，召开一次班级会议，请你为这次会议准备一份筹备提纲。要求包括会前、会中、会后各环节要注意的事项。
② 请练习用不同的语气说"你作业做完了吗？"并填写下列表格。

练习说下列句子	语　气	你认为这句话表达的意思是什么
你作业做完了吗？		
高兴的		
沮丧的		
愤怒的		
平和的		
亲切的		

第 4 章

文字语言沟通技巧

> 📖 **学习目标**
> - ☐ 掌握提高阅读能力的方法。
> - ☐ 熟悉公文写作的基本要求。
> - ☐ 了解网络写作的形式。
> - ☐ 掌握电子邮件的写作要求。

第 4 章　文字语言沟通技巧

4.1　阅读的形式和要求

语言沟通不仅包括有声语言，还包括无声语言，即文字语言。人们通过书面语言形式所进行的信息传递与交流即为文字语言。阅读是最基本的语言沟通方式之一，阅读的主要功能是接收信息和交流信息。孔子曾经说过，"学而不思则罔，思而不学则殆"。一个具有良好阅读能力的人，其阅读过程就是学与思深入的过程。阅读时能置身于文中，心与作者沟通，与作者共鸣，与作者抗辩，与作者同悲，与作者同喜。

100个经典提示

29　一个具有良好沟通能力的人，一定具备较强的阅读能力。

4.1.1　阅读的几种形式

我们可以克服时间和空间的限制在阅读过程中获取古今中外的各类信息。阅读过程是一个搜集处理信息、认识世界、发展思维、获得审美体验、提高语文素养的重要途径，也是人与人之间交换思想、交流经验、互通有无的重要手段。

阅读有以下几种形式：

泛读——即浏览式的阅读方法。特点是阅读广泛、略知其意、不求甚解，以拓展视野为目的。泛读时，可以粗略地浏览一下，或根据需要，选择性地跳读、略读。

精读——即以熟读精思为特征的阅读方法。精读是逐章、逐段、逐句剖析字词的阅读，通过预览、复读、全面理解三个环节来达到精读的目的。

朗读——即用普通话把书面语言清晰、响亮、富有感情地读出来的阅读方式。这是一种口头语言艺术，需要创造性地还原语言，使无声的书面语言变成活生生的有声的口头语言。

默读——即不出声音而用眼睛阅读文字的方式。这种阅读方式由于不出声，省去了发音动作，所以有速度快，保证环境的安静，便于更集中地思考、理解文章内容的优点。默读时大脑将视觉获得的文字信息转化为内部的思维活动和言语活动，有利于提高理解水平。

跳读——即有选择性的阅读方式。在阅读时，有意识地跳过一些无关紧要的句段或篇章，抓住读物的关键性材料的速读方法。舍弃非本质的东西，捕捉本质信息。阅读速度与思维过程同步进行。

慢读——即逐字逐句减速阅读的方式。在阅读时，咬文嚼字，细细品味，力求通过仔细推敲，领悟文章的真正内涵，培养自己良好的思考习惯和悟性的品质。

速读——即快速阅读。是在注意力高度集中的状态下，从文章中迅速吸取有价值信息的一种学习方式。可以一目一行、一目数行地阅读。通过目光快速扫视加上同步理解，基本掌握文章的主要内容。

> **相关链接**
>
> 随着社会节奏的加快，快速阅读已被许多人接受并推广。快速阅读不仅要求阅读速度快，而且要求理解率高、记忆效果好。
>
> 快速阅读的目的是"去粗取精"。
>
> 快速阅读是一种运用内部语言对文章进行简缩的阅读。
>
> 快速阅读是一种"眼脑直映"的科学运用视力和脑力的方法。
>
> 快速阅读的效果在于"快"。

4.1.2 提高阅读能力的方法

人的阅读能力是在后天的实践中获得的。因此，要提高阅读能力和语言表达能力，我们在阅读时，就不能只以了解文章情节内容为主，而应该注意从语言、表达技巧、文章结构等几方面吸取营养。可以用朗读法、评点法、读写法、背诵法等方法进行阅读训练。

（1）朗读法

即化无声的文字为有声的语言，领会和理解文章内容的一种阅读方法。通过朗读法，能让阅读者更好地理解文章内涵。如果一个人能将一篇好的文章读得流畅、自然、有节奏、有感情，说明他已理解了文章。反之，读得结结巴巴，随意地停顿，就可以看出他的文字沟通能力还要多加练习，有待提高。朗读法能反映自己真实的阅读水平，方便旁人及时指点。

（2）评点法

即在阅读时记下自己的体会、感觉、意见、评价。通过边读边评，把读、想、记有效地结合起来，有利于把书读活，积累更丰富的知识。有许多知名人士均采用此方法，如明代著名的文章评点家李贽，在阅读《三国演义》时，就用这种方法。我们要提高自己的阅读能力，在阅读文章时采用评点法，可以发掘文章的长短处，长处留为己用，短处警示自我，在评点中理解，在评点中提高。

> **100个经典提示**
>
> **30** 在阅读时，不妨拿一支笔在手中，边读、边想、边记，可以帮助自己提高文字水平。

（3）读写法

即选定自己喜爱的文章，用心读几遍，将重点的句子默写记录下来的一种阅读的方法。在默记中，分析自己与原文的不同点，分析自己选用的词句与原文的语句哪个更贴切，通过分析比较，提高自己的文字沟通能力。

（4）背诵法

即当自己遇到好文章、好句子时，力求将其背诵下来，达到提高阅读水平的一种方法。文字沟通能力强的人有"下笔如有神"之说，而这种境界需要在阅读的基础上积累沉淀。所以，背诵法是提高文字沟通能力、语言沟通能力的一种有效的方法。如果我们有想提高沟通能力的强烈愿望的话，应该立即行动起来，从背诵法开始，让自己的头脑中有更多的文字素材。

> **100个经典提示**
>
> **31** 要提高阅读能力，首先要提高自己的理解能力。理解能力是阅读能力的最主要标志。

4.2 写作的特性和要求

写作能力是一个现代人必备的沟通能力。在与他人沟通的过程中，不能仅满足于口头表达，还必须具备写作能力，不仅要写得快，还要写得好。只有这样，才能与社会更好地融合，才能更大地发挥自己的作用。

4.2.1 写作的特性

（1）久留性

书面语言能忠实地记录下人们学习、工作、生活、科技进步等历史痕迹，能长久存在，长期保存。这种久留性的特点是口语和体态语言所不具备的。对于个人来说，你的所思所想所感所为如果用书面语言记录下来就可以保存，而口头语言只能记住一时，久而久之会因环境、时间等的变化而变化。几千年的历史因为有了文字而让后人有更多的了解，这就体现了书面语言的重要性。

（2）准确性

书面记录时，只要不是病句，就不会出现双方理解不一致的情况，而口语会因为说话人的口音不准、用词不当、听话人的距离远听不清楚等原因，出现准确性打折扣的现象。只有白纸黑字的记录才具有准确性的特性。

（3）精练性

书面语言不会像口语那样就某件事反复强调，重复表述。一般都比较精练，阅之赏心悦目。比如，一个人要将名片上的内容告诉对方会相当繁杂，而对方还不一定能记住，如果换成书面的名片，内容精练简约，一目了然，且可以保存。所以，书面语言具有精练性。

（4）权威性

民间有"口说无凭，立字为证"的说法，因为"立字"，就有了根据，只要白纸黑字在，想抵赖都不行。所以，无论是领钱取物、订立合同，都不能口头承诺，而要以文字记载为准，只有以文字的形式记录下来，才是最权威的依据。所以，企业重大事件、商务谈判等都要以书面形式记录下来，这是书面语言权威性的体现。

案例

《史记·廉颇蔺相如列传》中记载了这样一则故事：秦昭王和赵惠文王在渑池相会。席间，秦昭王让赵惠文王为他弹瑟，惧于秦威，赵惠文王就弹了一曲，秦国的史官马上记下："某年月日，秦王与赵王饮，令赵王鼓瑟"。将对赵王的戏弄写进史书，这是秦国对赵国的公然蔑视和挑衅。赵国士大夫蔺相如马上上前说："请秦王弹奏盆缶之乐，以相娱乐。"秦王不答应，蔺相如就跪地坚持请秦王弹奏，说："我往您跟前跪走，假如在离您五步远的地方您仍不弹奏的话，我就死在您的面前。"于是，秦王很不高兴地敲了一下缶，蔺相如马上回头吩咐赵国的史官写下："某年月日，秦王为赵王击缶。"

蔺相如之所以特别重视史官的这一句话，就在于书面语的权威性。因为它能流传下来，关乎赵王及赵国的尊严，所以蔺相如拼死力争。

4.2.2 写作的基本要求

写作的基本要求是准确、精练、朴实。

准确——就是用词要准确，即准确使用多义词、同义词、近义词，准确就是造句要规范，遵循语法规则和用词习惯造句，防止出现病句。语言是思想的直接表现，只有准确的

第4章 文字语言沟通技巧

语言，才能表达准确的思想。特别是工作上的沟通，使用的大多是应用文，对于具体的人和事，语言失准可能会失财、毁人、害理。所以有人说，"笔下有财产万千，笔下有人命关天，笔下有是非曲直，笔下有毁誉忠奸"。

精练——就是没有多余的段、句、词，没有水分，言简意赅，用少量的文字表现丰富的内容，让读者用最少的时间获得最多的信息。所以，写作时要学会删减，学会浓缩，去除可要可不要的文字，将精华呈现给读者，真正做到意真、理当、神远。

案例

相传很久以前，一位聪明的国王召集他的大臣，要他们编一本《智慧录》传给后人。领到任务后，这群大臣便开始了艰苦的工作，用了很长的时间终于写成了一部十二卷的巨著。可国王看后说："我相信这是各时代的智慧结晶，但它太厚，我担心没人会读完它，再把它浓缩一下吧。"当大臣们将十二卷浓缩成一卷书时，老国王还认为太长了，还要再浓缩。这群聪明的大臣把一本书浓缩成一章、一页、一段，最后浓缩成一句话，国王高兴地说："这才是各时代智慧的结晶，各地的人只要知道这个真理，很多问题都可以顺利解决了。"

这句经典语就是"天下没有免费的午餐"。它告诫人们，即使是满足自身生存最基本的需要，也必须自己去做；即使你的父辈能为你提供丰厚的物质条件，也需要自己去奋斗，否则将会坐吃山空。

朴实——用于工作交流的文书写作，要求朴实，不能像文学作品那样讲究华丽。在工作沟通过程中，采用书面语言沟通要以实用为目的，故应朴素平实，即不加雕饰，自然天成。不为追求哗众取宠而玩弄笔墨，不为使用华而不实的词句而破坏内容的真实性和准确性。

4.2.3 写作是一个积累的过程

写作其实是对自己的积累进行选择、提取、加工、改造的过程。所以，积累是写作的基础，积累越厚实，写作就越有基础，文章就越精彩。要提高写作水平，就要先学会积累。要积累写作材料，积累文字语言，积累写作情感，积累写作方法。

（1）材料的积累

写作材料源于社会生活，在现实生活中有许多美好的事物，我们要学会时时处处留心周围各种各样的事物，熟悉形形色色的社会现实，不断地扩大自己的生活领域，捕捉生活热点，在生活中多留心、多思考，有意识地捕捉有意义的事和有趣的人，并随手记下，这样发现多了积累也就多了。获取材料的又一个途径是阅读和倾听，即阅读书报，听趣闻轶事，这也是积累材料的重要手段。

59

100个经典提示

32 材料是写作之源。

（2）语言的积累

语言是构成文章的基本要素，所以语言的积累不能忽视。可以在读书看报时记录下富有表现力的词句，可以在听广播、看电视、上网甚至听别人谈话时，记录下美妙的语言。只要自认为生动精彩的语言都可以加入自己的词库中，积沙成塔，语言就会丰富，下笔也会更流畅。

（3）情感的积累

文章不是无情物，作者只有将自己的情感体验、真情实意付诸写作对象，文章才有感人的可能。平时要留意父母的真情、同学朋友的真意，留意愉快时、悲伤时、愤怒时自己的感受。有了情感的积淀，写作时就能让文章生动感人。

（4）精彩写法的积累

"熟读唐诗三百首，不会写诗也会吟"。优秀的文章优在精彩，精彩的论述、精彩的描述、精彩的对白等，都能让我们得到熏陶。通过多读名家的作品，在心领神会中积累写作的技巧，自然能提高自己的写作能力。

100个经典提示

33 要实现写作的积累，就要做到"勤"，勤动笔、勤阅读、勤观察、勤学勤问。

4.3 社交中常用的文字沟通形式

口头语言是人际沟通的重要手段，文字语言同样是我们离不开的重要沟通形式。有人说，现代人"言而无信"，这里的"信"指"信函"，意思是要说的话可以借助通信设备直接用口头语言沟通就可以了，不需要写信了。其实这种说法有些片面，许多时候我们还无法离开文字语言，如为更准确地表达诚意，我们会寄邀请函；走出校门要找工作，我们会写自荐信；为了让对方一见面就对自己有所了解，我们会递名片。诸如邀请函、自荐信、名片等都是我们在人际沟通中常用的文字沟通形式。

4.3.1 社交信函的写作

常用的社交信函有邀请函、感谢信、祝贺信、吊唁信等。

第4章 文字语言沟通技巧

(1) 邀请函

邀请自己的同学、同事、工作伙伴、合作伙伴等参加某些活动，为慎重起见，可以用邀请函的形式真诚地邀请对方参加。写邀请函一般不宜过长，通常几句话即可。但要特别注意的是，邀请函一定要写得诚恳、热情。如果与对方的关系很密切，正文和结尾可随意一些。如果与对方关系一般，为了今后能有更多的合作机会，虽然是非公函形式，也应该写得规范一些。

案例

邀 请 函

尊敬的莎莎女士：

　　下周五（5月20日）晚7时，我们在多功能厅聚会，庆贺新项目——部门网络系统胜利完工。感谢您对我们工作的大力支持，诚邀您参加我们的聚会，分享这份成功的快乐。期待着在晚会上见到您。

您的真诚的朋友：×××
××××年××月××日

(2) 感谢信

写感谢信是表达你对他人的感激之情。无论在学习、工作还是生活中，我们有许多地方应该表达对他人的感激：或因对方给予你的帮助，或因对方的热情款待，或因对方送给你的礼物。感恩是人际交往中的宝贵真情，一个善于表达感恩之心的人，能获得好人缘。

案例

亲爱的玛琳女士：

　　我和我的家人对您赠送给我们的刺绣图表示感谢。这幅图是那样的精巧、美丽，我已把它挂在我书房的墙上。每当我看到它，都会回想起在上海到贵公司做短暂访问时的情形，令人难以忘怀。

　　我期待着我们两家公司就合资项目进行进一步洽谈，我相信这个项目将对双方有利。希望能再次见到您。

您的朋友：×××
××××年××月××日

(3) 祝贺信

在社会交往中,适时地对自己的朋友或合作伙伴的职务晋升、事业成功、工作成就等表示祝贺,是较为普遍的一种做法,也能广结人缘。你可以为此写一封祝贺信。一封祝贺信的作用并非是字面的道贺,它有利于促进双方关系的发展,有利于进一步开展合作。祝贺信应该写得具体、及时、简明。用词要让人感到愉快,受到激励。

案例

尊敬的泰勒先生:

我刚刚得知您已晋升为贵公司的副总经理,特向您表示祝贺!我得知这个好消息真心地为您感到高兴,因为您是一个非常优秀的管理者,应该得到这一晋升。您现在所处的职位比过去更富有挑战性了,但我相信:您在这个位置上会干得非常出色的。

在过去的三年里,我们合作得非常愉快,我期待着我们在不久的将来能够有进一步的合作。

您的朋友:×××

××××年××月××日

(4) 吊唁信

吊唁信的措辞一定要认真斟酌。由于吊唁信是发给去世者的家人或亲戚的,既是对逝者表示哀悼,又是对逝者家人、亲属表示慰问,所以,信不能太长,不要问及太多的细节,语气也不能过于悲伤(因其家人已承受了太多的悲伤)。要明确写吊唁信的目的是为了给其家人一些鼓励,鼓励他们不要被不幸所压倒,而应该从悲痛中逐渐恢复过来。

案例

尊敬的雪伦太太:

惊闻雪伦先生上周日因心脏病突发而去世,不胜悲痛。消息来得如此突然,让我难以相信。对于我们来说,他不仅是我们公司的总裁,更是我们可亲可敬的朋友,他始终对我们友善、关心、通情达理。

您一定要坚强,要保重。如果有什么事情需要我为您及您的家人效劳的话,请立即和我联系——现在和将来永远如此。

您的朋友:×××

××××年××月××日

4.3.2 就业自荐信的写作

无论是接受完高等教育还是职业教育，都会面临着就业问题。解决就业可以通过相关的中介部门，可以通过学校的就业安置部门，也可以自己寻找应聘。无论选择哪一种方式，每个求职者都希望用人单位多了解自己，特别是多了解自己优秀的地方。面对面听你表述也许是你期待的一种形式，但往往是要经历过初选后才能有这样的机会。更多的人会选用递交就业自荐信的方式，实现与用人单位的有效沟通，获得面试和就业机会。

100个经典提示

34 也许你留给用人单位的第一印象就来自你的就业自荐信。

（1）写自荐信的目的

毫无疑问，写自荐信的目的是要得到自己追求的某个职位。要达到这个目的，第一个目标是尽可能地使招聘单位对你产生好感，发生兴趣，这样才可能有机会面对面地与用人单位沟通交流，即获得面试的机会。要引起对方注意，自荐信就要有闪光点，比如：书法好的可以书写自荐信，展示书法水平；文章好的可以在自我介绍时充分表现文字表达能力；阅历广的可以通过简要罗列充分反映出来，引起用人单位的注意。

你理想的岗位，同样也会是其他人的理想选择。面对竞争，一定要认真书写自荐信，这可是你能否进入面试的关键。

（2）自荐信的主要内容

一份标准的自荐信内容应该包括自荐理由、自我介绍、相关实力、所受教育和成就等内容。自荐理由可以从获得招聘信息的渠道、申请的目的、加入企业的原因、申请的职位几方面写。做自我介绍时，要说明你为什么适合所申请的职位，提出你能为未来雇主做些什么，而不是他们为你做些什么。通过表述自己的相关实力，告诉对方你比别人更适合这个职位的原因。结尾一般要提出你的进一步行动请求，感谢阅读者，并留下联络自己的方式。

相关链接

在西方，自荐信和简历是一样重要的。我国随着国际化程度的提高，对自荐信的重视程度也随之提高。有人在互联网上做过一次调查，"人事经理，您对自荐信的关注程度如何？"结果有 34%参与调查的人事经理表示非常重视，54%的人事经理表示将自荐信作为重要的参考依据，只有 11%的人事经理根本不看自荐信。

（3）写自荐信的注意事项

自荐信要短，并且一定要引人入胜。记住：我们只有几秒钟吸引人事经理继续看下去。如何吸引？就要在自荐信中重点突出你的背景材料与未来雇主最有关系的内容，这就需要事先了解招聘单位和岗位，针对性要强。写自荐信要言简意赅，不能面面俱到；要真实可信，切忌过分吹嘘；要有特色即个性化，切忌"千人一面"；要用词得当，不宜出现错字、别字、病句及文理欠通等现象。

> **100个经典提示**
>
> **35** 针对性是自荐信奏效与否的"生命线"。只有针对性和个性化强的自荐信，才能从数百封的信件中"脱颖而出"。

4.3.3 名片

个人在社会交往中，难免要和陌生人见面，或联系工作，或为扩大社交面，这就需要做自我介绍。一般在口头简单自我介绍的同时，呈上一张介绍自己的"说明书"——名片，是不可缺少的礼节。有人说，名片是一个人的履历表，递送名片的同时，也是在告诉对方自己是谁、现在何处及如何联络。

（1）名片的式样和类型

从外观上看，名片分单片式和折叠式两种，以单片式为佳。折叠式是指用一张五分之四大的卡片纸折叠而成，上面小于下面五分之一，这种名片因重叠而给人以神秘感。折叠式封面只有姓名、职务和职称，具体内容看封里。

从名片的排版上看，名片的式样有横排式和竖排式两种，以横排式居多。名片还可分为左右结构和上中下结构，也有两种结构交叉用的，使名片形式更生动，版面更和谐。有的名片字、画结合，以字说明，以画抒情。许多地方官员会将所在地的景点或标志性建筑印在名片上，表现了名片持有者对这一方水土的热爱之情。

（2）名片的内容

名片的设计一般应包括供职单位、姓名、职务（职称）、地址、联系电话等项目，还可以在名片的左上角印上自己所在组织的徽标。名片的背面可空白，亦可用英文书写与正面同样的内容，方便与外国人交往。除了这些常见的内容外，还有一些名片具有"别出心裁"的设计，如印上自己的照片、姓名采用手写体等，目的是为了加深印象，或者为了兼顾推销自己所在的组织和产品。这种与众不同的名片，会产生较好的沟通效果。

> **案例**
>
> 著名文艺理论家余秋雨原先在名片上只印了"余秋雨教授"五个字。有一次去某地开会，人家只对名片上职务带"长"字的人热情相待，出于无奈，他只好在名片上印上"国家级专家、上海戏剧学院院长、上海写作研究会会长"等，从此，出差开会一路绿灯。

4.4 电脑网络的沟通形式

现在已全面进入网络时代，网络在人们工作生活中的地位，随着计算机的普及而显得越来越重要。随着互联网的发展，地球村已不再是一个遥不可及的梦想。我们可以通过互联网获取各种我们想要的信息，查找各种资料，如期刊文献、教育论文、产业信息、留学计划、求职求才、气象信息等。你甚至可以坐在计算机前，让计算机带你到世界各地进行一次虚拟旅游。只要你掌握了在互联网这片浩瀚的信息海洋中遨游的方法，你就能在互联网中得到无限的信息宝藏。

4.4.1 网络的优点

（1）网络传播迅速快捷

网络作为传播媒体，不会像报纸那样要经过录入、制版、印刷、发行后读者才能看到。网络可以在事件发生后的几分钟内将消息发送上网，传递速度快，能及时满足网民读者的真相求知欲望。

（2）网络传播打破地域界线

网络出现后，使"地球村"的概念变得真实，无论世界的什么角落发生重大事件，只要发送上网，在任何有网络的地方都能同时了解。新闻记者同样可以在自己家里，根据需求在网络上搜集到发生在全球各地的新闻素材，而不再受地域的限制。

> **100个经典提示**
>
> **36** 网络作为一种信息通信、数据传递和资源共享的方式与手段，使它具有无比优越的全球性。

（3）网络的交互性缩短了传播者与接收者之间的距离

传统媒体虽然竭力想加强自己和受众之间的亲和力，但因条件限制，只能是在大多数时间内处于单向传输状态。即使是与受众交流，最好的方式也就是电视直播中的热线电话，并且是双方的,以传播者为主角的。网络可以简单地将传播者与接收者的角色转换,可以随时进行编读交流,可以多方同时交流,这样能提高接收者的参与欲。

(4) 网络便于对信息的深度加工

传统媒体因受条件限制,提供的信息往往只是一个片断,读者要对其作出准确的判断,只能靠平时的积累。网络却能将主要信息配上相关链接,让读者直接进入背景数据库,寻找所需资料,从而把一条死的新闻变成活的信息流,实现信息价值的增值。

4.4.2 网络的沟通作用

网络沟通就是以互联网为工具,以文字、声音、图像及其他多媒体为媒介的沟通方式。网络沟通的主体包括个体、群体以及企业、政府等组织,网络沟通受到真实社会价值观和虚拟价值观的双重制约,行为主体在满足自身生存和发展需要的全部活动中形成的稳定形式和行为主体的生活方式。信息技术与网络技术的发展,为组织成员之间的沟通创造了一种新的形式。网络沟通的特点就在于超时间性、超地域性和沟通双方的互动性。通过互联网,计算机可以将任何时间、任何地点需要沟通的双方联系起来,传递信息速度之快、方法之便是以往任何工具所不能比拟的。

(1) 资料查询的作用

网络信息资源丰富,是任何传统媒介所无法比拟的,也是人类有史以来未曾有过的,包括从政治、军事、经济、文化、科技等领域的相关信息。国际电信联盟 2014 年 11 月发布的数据显示,目前全球互联网用户已超过 30 亿人,占全球总人口的 40%。由于大量的用户不停地向网上输入各种资料,特别是美国等许多国家的著名数据库和信息资讯系统纷纷上网,全球互联网已成为目前世界上资料最多、门类最全、规模最大的资料库,可称为全球最大的图书馆、博物馆和展览馆。

(2) 通信联络的作用

全球互联网有电子邮件通信系统,用户之间可以利用电子邮件代替文传进行通信联络,用户还可以在网上通电话,甚至召开电话会议。其中使用最广泛的电子邮件、微博、微信、QQ 等现代网络信息平台,只要几秒钟,就可以把信息发送到地球的任何一个角落,而且更经济,速度更快,时效性更强。在信息时代,几乎任何事情都可以数字化,信息几乎在同一时间就可以传遍世界的各个角落。

100个经典提示

37　网络视频可以让地球各地的人面对面地交流。

第4章 文字语言沟通技巧

（3）信息传播的作用

各类用户都可以把各种信息任意传入网络，互相交流传播，传播手段多样化。网络不仅可以传输文字、静态的画面、动态的图像，还可以传输实时的声音和视频，可以说是集广播、电视和报纸的功能于一身。全球互联网已成为世界最大的广告系统、信息网络和新闻媒介。

（4）开展专题讨论的作用

全球互联网中设有专题论坛，一些相同专业、行业或兴趣相投的用户可以在网上提出专题，展开讨论，论文可以长期地存储在网上，不断地供人调阅或补充。网络具有空间开放性和相对平等性，任何个人和团体都可以将自己的计算机和局域网联入互联网，在网上读取信息而不受限制，信息的交流不再受时空的限制。在网上，人们可以自由对自己感兴趣的话题发表自己的看法，在人与人相互交流沟通中，地位是平等的，信息和资源是共享的。

4.4.3 电子邮件的写作要求

电子邮件是最基本的网络通信功能，进入国际互联网的用户可以方便地使用电子邮件交换信息，而且不用任何纸张，就可以方便地写、寄、读、转发邮件，不受地域、国家的限制，是国际互联网内使用最普及、最方便的通信工具。同时，人们越来越重视电子邮件的礼仪，所以我们必须掌握电子邮件的写作要求。

收件人——电子邮件格式中，一般都是将收件人邮箱地址放在最上方，人们较习惯在写信之前就输入收件人的邮箱地址。建议最好能调整一下习惯，在"发送"前再输入地址，可以防止出现信件检查前错按"发送"而后悔自己的措辞不严密。

邮件主题——其要求就是"言简意赅、核心突出"。不要连篇累牍，更不要省略不写。没有标明主题的邮件，容易被对方当作垃圾邮件删除。主题明显也可帮助自己日后查阅。

问候语——无论收件人是否与自己关系密切，都应在信件开头写上称呼及问候语。

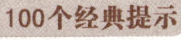
100个经典提示

38 简单的一句"您好"也能显示出你对人的礼貌。

邮件正文——书写邮件应该像对其他信函那样郑重，要严格遵守语法、标点符号和语言规则。通常电子邮件内容很短，不用太多的修饰语，以便对方在旅途中也能通过手机或平板电脑收取邮件。

署名——结尾时应署上自己的姓名、职务、公司名称、电话及传真号码等，除非与你非常熟悉，可以只署名字。署名的完整有利于对方及时回复邮件，及时通过有效方法将信

67

息反馈给你，同时还含有等待对方再联络的意思。

回复邮件——及时回复邮件不仅是礼貌，而且也是工作效率高的体现。回复时最好能提及原邮件中涉及的问题，这样能使回复具有连续性，就如人们在谈话一般。回复不及时尤其需要查看原邮件的主要内容。回复时还应注意慎用"回复所有人"功能，更不能粗心地把他人的邮箱地址告诉第三个人。注意不要在临下班前给人发急需解决问题的邮件。如果你收到这种邮件，要克服困难，及时回复。

相关链接

电子邮件的礼仪要求：

① 及时回复邮件。

② 使用礼貌用语，但不啰唆。

③ 保持你的邮件内容言简意赅。

④ 避免谈论敏感或私人问题。

⑤ 不给客户转发垃圾邮件。

⑥ 结尾时署名。

⑦ 在有很多联系人的情况下使用"抄送"功能，而不用输入所有收件人的邮箱地址。

⑧ 已经使用"抄送"功能时，不再发给此收件人同一封邮件。

电子邮件并非是人们唯一的网络沟通工具，网络沟通的方式有很多，比如博客、微博、微信、QQ聊天、网上购物等。网络把天南地北的人联系起来了，同时网络还把各地的信息共享，方便人们工作。

在网上聊天的时候，用户经常使用网络用语或彼此都熟知的缩略词，相对比较随意，但这只可用于一般性的交往，对重要或保密的文件不能以此方式传递。

案例

据《大连日报》报道，市公安局内保支队七大队针对校园电信诈骗、网络诈骗、盗窃类案件呈多发趋势，开通"大连公安高校"微信平台（微信号：dlgx110），由专职人员负责日常信息的更新，通过图文、语音、视频等多种形式，向在校师生传递重大警务资讯、安全防范知识、法律法规解读等信息，提高在校师生对安全知识的知晓率。同时，警方还利用微信平台第一时间解答疑难问题，作为交流平台，师生可以把安全隐患方面的问题以及自己遭遇的突发事件发送到微信平台，与警务人员实时交流，做到安全信息迅速响应。

即时信息工具最初虽为聊天而诞生，但其作用早已超出了聊天的范畴，实际已经与学习、工作和生活密不可分，如果使用得当，还可以发挥重要的营销功能。美国有一家咨询公司的研究表明，即时信息服务对于网上销售中提升订单成功率有很大的帮助，如果运用即时信息工具合理地开展顾客服务，顾客放弃购物的比例可下降20%。

思考与训练

1. 如何在较短的时间内提高自己的阅读能力？
2. 结合自己的生活经验，谈谈你是如何理解写作的四大特性的。
3. 试举例分析公文写作的语言失准可能会"失财、毁人、害理"。
4. 什么是电子邮件？请给你的朋友发一封祝贺新年的邮件。
5. 技能训练题：

速读训练：用遮盖法进行速读训练，此法是为了训练视觉反应速度的方法。请你用一张与书页差不多大小的白纸遮盖住准备阅读的书，边读边往下拉纸片，促使视觉反应一次完成，避免回视。具体方法是：用纸遮住上下文，只留出一行文字，让自己看一眼后，说出（也可以默写）这一行文字的内容，再检查自己说（写）错有多少。反复练习，让自己在训练中提高阅读速度，提高记忆力。

第 5 章

体态语言沟通技巧

> ▶ 学习目标
> □ 了解表情在沟通中的作用，力求掌握和准确运用表情。
> □ 掌握在沟通中的眼神接触尺度。
> □ 掌握微笑的沟通技巧，在沟通中熟练运用微笑。
> □ 了解眉语和头语的含义。

5.1 表情

表情是一种无声的"体态语言",人的喜、怒、哀、乐、爱、恶、欲七情,都可以通过表情,尤其是面部表情表现出来。表情是人的仪态的重要构成部分,在人际沟通中,人们离不开表情沟通。面部表情沟通是指人们在沟通过程中不使用语言,而是以面部五官的变化来进行的人际沟通。即通过面部的颜色、光泽、肌肉的收缩与舒展,纹路的变化,眼睛、眉毛、嘴巴、鼻子动作,以及它们的综合运动来反映人们的心理活动和情感信息。

> **相关链接**
>
> 据有关资料表明,在面对面的沟通过程中,7%的信息由语言传播,55%的信息由面部表情以及身体姿势传播,38%的信息由音量的大小及其变化传播。

5.1.1 表情的含义

表情是人们的思想感情在面部的表现。面部表情是非语言信息中最丰富、最集中的地方,是人们心灵的窗口。表情通过借助眼、眉、嘴及颜面肌肉的复杂变化来传递内心的情感体验。在人类 70 万种肢体语言中,面部可做出大约 25 万种不同的表情,占肢体语言的 35.7%。特别是初次见面的双方,对方会在首次接触的前 7 秒钟,因你的表情、眼神形成对你的第一印象,产生对你的信任感与合作态度。

> **相关链接**
>
> 在与人沟通时,应表现出与交往身份相符的表情。
> 与师长、领导交往时,表情应该谦虚、恭敬、诚恳,以示尊敬。
> 与下级、晚辈交往时,表情应该和蔼、关怀、信任,以示鼓励。
> 与朋友、同事交往时,表情应该喜悦、尊重、谅解,以示亲近。
> 与陌生人交往时,表情应该友善、谦虚、随和,让对方感到轻松自如。
> 与异性交往时,表情应该大方、自然、纯洁,以示友好。

在日常生活中,我们需要面对的场合不尽相同,但我们所要表现出的表情却应该与自己和对方的角色身份、交往情境相协调。因此,要善于控制和调节自己的表情,使之适合交际的需要。同时,我们还要从对方的神态和表情中,敏锐地觉察出他们的心理活动和内心情绪,从而使自己的言行、情态能与对方的神态相协调。

100个经典提示

39 面部的不同部位具有不同的表情作用。表情失常或者错位，就会使自己在与他人的沟通中失败。

人们在交往中的神态主要表现在精神和表情上。通常我们会说："出门看天色，进门看脸色"，"脸色"就是我们脸上的表情。一个人的内心想说什么，是可以通过脸色来表达的。在沟通中，我们要善于观察别人透过脸色传递出来的信息。一个人容光焕发，红光满面，是兴高采烈的表露；脸色绯红是害羞的表现；面红耳赤是激动或羞涩的反应；脸色铁青说明正在生气或者愤怒；脸色发白也许是紧张，也许是身体不适；黑里透红则是健康的标志；面色发青可能是身体不适；面有菜色则表明营养不良。

案例

小王是一位应届毕业生，在参加某外资公司的面试时，主考官的茶杯不小心打翻了，主考官便让他把身后的抹布拿来擦一下。小王皱着眉头，递过抹布。结果，他失去了这次机会。事后，小王感慨地说："我把应聘时可能会考查的细节都注意了，没想到主考官会让我递抹布，我当时注意力都集中在回答问题上，被茶杯打翻的意外干扰后，不但没有主动去帮忙擦桌子，还表现得很不耐烦，真没想到主考官会出这样的素质考题。"

5.1.2 表情的作用

面部表情是一种可完成精细信息沟通的体态语形式。它可控、易变，效果较为明显。个体可通过面部表情显示情感，表达对他人的兴趣，显示对事物的理解，表明自己的判断等。

表情能生动地反映沟通者的特性。由于表情是一个人内心世界活动轨迹在面部的真实反映，因此，他的各种心态（如喜、怒、哀、乐、爱、恨）、性格气质（坚强或懦弱、急躁或平和、深沉或直爽、内向或外向）、态度（肯定与否定）等，都能通过表情，生动、客观地反映出来。

100个经典提示

40 面部表情是人们运用较多的体态语形式之一，面部表情可表现出肯定与否定、接纳与拒绝、积极与消极、强烈与平淡的情感。

表情具有人们认知的趋同性，即人们能读懂表情所反映的意思。在非语言沟通过程中，沟通双方的面部表情可一目了然。人们可从面部万般复杂的表情中，寻找到信任和喜爱。人们不会因为国籍、肤色、语言不同而对表情理解不同。

表情可真实、同步地再现一个人的情感变化轨迹。表情能让沟通者获得真实丰富的信息资源，进而辅助、强化口语的表达效果，促使双方建立彼此理解、信任、合作的沟通互动关系，不断地推动人际沟通的顺利展开。

5.1.3　面部表情的运用和把握

运用和把握好面部表情有助于沟通的顺利进行，达到预期的沟通目的。

喜的表情——要想表现欢喜的内心，首先要放松面部肌肉，舒展额头，眉毛轻轻上扬，眼睛微眯，嘴角微微上翘。面部动作幅度越大，表情越丰富，表现出的内心喜悦就越强烈。

怒的表情——人们生气时，常常会表现愤怒的面部表情。像面部肌肉紧张、额眉紧锁、怒目圆睁、嘴微微张开、喘息急促、嘴角微微颤动等都属于发怒的面部表情。

100个经典提示

41　发怒不但会影响沟通，而且还有害健康。

哀的表情——当人们遇到悲痛、伤心之事或挫折时，会呈现哀的表情。即眉毛、眼角、嘴角都微微下垂，面部肌肉也是松懈状态。

乐的表情——当人们遇到特别开心的事时，面部就会"喜笑颜开"。肌肉更加放松，额眉更加舒展，双眼成直线，嘴角更上翘。

5.2　眼神

眼神又被称为目光语，是运用眼睛的神态以及神采来表达感情、传递信息的一种无声语言。它就像"心灵的窗户"那样倾诉着感情，沟通着心灵。

眼神从这扇心灵的窗户中传递出的是最真切的语言，它无声无息，却异常地有力，它的力量甚至超越有声的语言：高兴和兴奋时的"眉开眼笑"，气愤时的"怒目而视"，恐惧时的"目瞪口呆"，悲伤时的"两眼无光"，惊奇时的"双目凝视"等。眼睛不仅能传达感情，而且可以交流思想。人与人之间往往有许多事情只能意会，不能或不便言传，在这种情况下，通过观察人的眼神可以了解他（她）的内心思想和愿望，推知他（她）的态度：赞成还是反对、接受还是拒绝、喜欢还是反感、真诚还是虚假等。可见，眼神是一种十分重要的非言语交往手段。

目光接触是非语言沟通的一条重要渠道，能够在不同民族之间建立一种信任，可以帮助人们相互理解，鼓励双方更好地沟通。

> **100个经典提示**
>
> **42** 语言是传递信息和加强沟通的重要工具，但并不是唯一的工具。有一种比语言更强大的工具存在，那就是——眼神！

5.2.1 目光的功能

心理学认为个体的情绪变化，首先反映在瞳孔的变化上。人的情绪由中性向愉悦改变，瞳孔会不自觉地变大；看到让人厌恶的刺激物，人的瞳孔会明显缩小。人的情绪状态由晴转阴时，亦会有同样的反应。目光的功能主要表现在以下方面。

（1）表达爱憎情感

眼睛作为反映心灵深处变化的平台，能准确、真实地传递沟通者的爱憎情感。如深切注视的目光，表达了崇敬对方之意；怒目圆睁的目光，表达了仇恨对方之意；回避闪烁的目光，表示惧怕对方之心。

（2）传递补充的信息

当双方在交谈沟通时，讲话者往往会因注意用语而使注视对方的次数少于听者，以致形成彼此间目光接触的机会不平衡。讲话者可以有意识地增加与对方目光接触的次数，适时通过目光接触，补充内心情感信息，使语言沟通效果更佳。

（3）具有威慑作用

当一个人长时间盯视对方时，对方会收到震慑威吓的信息，使之在逐渐形成的恐惧心理中低头。如检察官选用这种眼神，降服贪污嫌疑人就是最好的例子。

（4）显示社会地位

当交谈的双方社会地位悬殊时，就会出现地位高者注视地位低者的时间较长，在不自觉地表示自己的优越性。

5.2.2 运用目光的礼节

目光主要是用来表示对对方的亲切、友好与关注。在与人交往时，因场合、对象不同，目光的方向亦有所变化。在目光接触中，不同的凝视部位、角度和时间，表明双方的关系也不同。一般可分为三种情况，即亲密凝视、公务凝视、社交凝视。

第 5 章　体态语言沟通技巧

43 看人的时间长短有讲究。一眼不看是失礼，长时间盯看是无礼。

（1）亲密凝视

亲密凝视是亲人或恋人之间使用的一种凝视行为。当你和自己的亲人在一起时，这时的沟通目光可以停留在眼睛至胸部的区域。但要注意的是，这种目光不能随意用在一般的社交活动中，特别是面对异性时更要注意，否则对方会觉得你对他不够尊重。

（2）公务凝视

在正式的公务场合，如业务洽谈、会议、谈判等，目光应落在以双眼为底线、额头中上部为顶角所形成的正三角区内。在洽谈过程中，凝视对方这个部位，不仅显得严肃认真、有诚意，而且还能掌握谈话的主动权和控制权。

（3）社交凝视

在一般的社交场合，如各种不同类型的友谊聚会，目光应落在以双眼为上限、唇心为顶角所形成的倒三角区内。与人交谈时，凝视对方的这个部位，可以带来一种平等、轻松的感觉，从而创造出一种良好的气氛。

> **相关链接**
>
> 不同国家、不同民族、不同文化习俗对眼神的运用也有差异。
>
> 在美国，一般情况下，男士是不能盯着女士看的；两个男士之间对视的时间也不能过长，除非是得到对方的默许。
>
> 日本人对话时，目光要落在对方的颈部，四目相视是失礼的。
>
> 阿拉伯人认为，不论与谁说话，都应看着对方。
>
> 大部分国家的人们忌讳直视对方的眼睛，甚至认为这种目光带有挑衅和侮辱的性质。

5.2.3　目光的高度

在目光运用中，正面平视表示理解、平等，可以引起对方的好感。同时，平视时，应将目光放虚，用自己的目光罩住对方整个人，或让眼睛的余光看到对方，而不宜直直地盯着对方，使对方有压迫感。仰视表示尊敬、期待，并含有思索之意。俯视用于长辈对晚辈表示爱护、宽容。而与一般对象沟通时，居高临下地侧视会带来傲慢不恭的感觉。斜视对方，不仅会造成对方因被瞧不起而产生受辱的感觉，而且也暴露出自己的狭隘和无礼，因斜视表示轻蔑。东张西望、左顾右盼，都会让人觉得心不在焉。白人一眼表示反感，双目大睁表示吃惊，不停眨眼表示疑问，眼睛眯成一条线表示高兴。

100个经典提示

44　交往中，目光应以温和、大方、亲切为宜，即应多用平视的目光语。

5.2.4　目光停留的时间

与一般公众交谈时，目光与对方接触的时间一般占全部交流时间的 30%~60%。若对方是同性，应不时与之目光对视，以示尊重。如果与对方关系密切，可以较长时间注视对方，以拉近心理距离。若对方是异性，双目连续对视时间不宜超过 10 秒钟，目不转睛地长时间注视异性是失礼的行为。

案例

卡耐基曾经用领导主持会议来说明如何使用目光语。

当领导走上讲台，未开口之前，通常都会先用目光扫视一下整个会场，这种扫视就起到组织和控制的作用。这时，到会者会立即停止一切活动，进入听讲状态。如果会场出现冷场时，领导就会用鼓励的眼神注视下属，这样就给准备发言者增强了信心，以便他们可以踊跃发言。当会场纪律松懈、讲话者过多时，领导往往会投去严厉的目光，并停留片刻，制止这种现象。所以，有经验的领导都善于用目光驾驭整个会场，使会场井然有序而又生动活泼。

5.2.5　目光的实际应用效果

在与他人沟通时，可在不同的环境中使用专注、环顾、虚视的目光语，提高沟通效果。

专注是指沟通者用目光注视对方的一种沟通行为。在专注中向对方传递对其尊重和重视其说话内容的沟通信息。

环顾是指沟通者有意识地将目光转视四周，观察全场的一种沟通行为。其目的在于了解现场情况，与沟通群体相互理解，增进友谊，进而加快双方的信息交流，推动工作开展。

虚视是指沟通者的目光似视非视的一种沟通行为，常适用于有较多听众的交流场合。有利于讲话者消除紧张心理，集中精力讲好话。

交谈中，在表示理解、支持、赞同、认可或重视时，要看着对方。当询问对方身体及家人近况时，用关切的目光；征询对方意见，用期待的目光；在对方表示了支持、合作的意向时，用喜悦的目光；在得知对方带来意外的好消息时，用惊喜的目光；对对方谈话内容感兴趣时，用关注的目光；中间插话、转移话题或提问时，宜用歉意的目光；送客时，要用目光一直送客人走远，也叫"目送"，以示尊敬、友好。

100个经典提示

45 凡是交谈时一方出现左顾右盼、东瞧西看、望天看地、频频看表等现象，另一方可视为对方对你的谈话缺乏兴趣，或在敷衍应付，因而应尽快结束这样的语言沟通。

5.2.6 需控制的几种眼神

在交谈中，敢于礼貌地正视对方，是一种坦荡、自信的表现，也是对他人尊重的体现。谈话中眼睛往上、往下、眯眼、斜视、闭眼、游离不定、目光涣散、漫不经心等，都是在交际中忌讳的眼神。当别人难堪时，不要去看他；交谈休息时或停止谈话时，不要正视对方。如果我们在交谈中死死地盯视一个人，特别是盯视对方的眼睛，不论是否有意，都显得我们不礼貌。眯视不但留给对方不友好、睥睨与傲视的印象，还会让人觉得你是一个漠然的人。眯视漂亮女性会被看作"挑逗"。在交谈中，你刻意地去回避对方的目光或眼睛瞟来瞟去，就会让对方觉得你不专心或心虚。游离的目光是一种非常明显的没有主见的眼神，也表示出一种犹豫、举棋不定的思想状态。

相关链接

许多国家和民族都很重视目光语。

阿拉伯人告诫其同胞"永远不要和那些不敢和您正视的人做生意"；美国招聘人员的主考官，会因为您忘记看着他说话而拒绝给您好工作；加拿大人、澳大利亚人以及其他很多西方人都认为，目光接触是给沟通双方传递诚实、真诚和坦率的信息，不能忽视。

5.3 微笑

微笑能给人一种容易接近和交流的印象。善于交际的人，在人际交往中第一个动作就是面带微笑。微笑是一个人良好心境的表现，说明一个人的心地平和，心情愉快。微笑是善待人生、乐观面世的表现，说明一个人的心里充满了阳光。微笑也是有自信心的表现，对自己的魅力和能力抱积极和肯定的态度。微笑是一个人内心真诚友善的自然表露，说明这个人善良、心胸坦荡。所以，人们在许多种笑里面，将微笑作为一种文明礼貌的标准，尤其是服务行业，更是把微笑当作促销的一个重要手段。

100个经典提示

46 微笑，是一种特殊的语言——"情绪语言"。微笑可以创造一种和谐融洽的气氛，让合作对象备感愉快和温暖。

5.3.1 微笑的功能

微笑是社交场合中最富有吸引力、最有价值的面部表情。微笑是自信的象征，是礼貌的表示，是心理健康的标志。微笑，表现着人际关系中友善、诚信、谦虚、和蔼、融洽等最为美好的感情因素，具有一种天然的吸引力，能使人相悦、相亲、相近。因此，微笑具有下列沟通功能。

> **100个经典提示**
>
> 47 微笑是一种天然资源，它给人留下的是宽厚、谦和、亲切的印象，表达出来的是对他人的理解、关爱和尊重。

（1）缩短心理距离

微笑表示自己心底坦荡，善良友好，待人真心实意，而非虚情假意，使人在与其交往中自然放松，不知不觉地缩短了心理距离，为深入沟通与交往创造温馨和谐的氛围。

（2）润滑人际关系

微笑是一种令人感觉愉快的面部表情，让人感受友好和亲切。面露平和欢愉的微笑，说明心情愉快，充实满足，乐观向上，善待人生，这样的人才会产生吸引别人的魅力。用微笑来接纳对方，不但可以反映出本人良好的修养、待人的真诚，而且能给对方留下美好的心理感受。因此，有人把笑容比作人际交往的润滑剂。

（3）化解矛盾

真正的微笑应发自内心，渗透着自己的情感。表里如一、毫无包装的微笑，具有感染力，被视为"参与社交的通行证"。微笑，不仅能传递和表达友好、和善，而且还能表达歉意、谅解。

> **100个经典提示**
>
> 48 真诚的微笑是广交朋友，化解矛盾的有效手段。

（4）表达乐观人生

微笑在社交、生活、工作中都有非常深刻的内涵。微笑着接受批评，显示你承认错误但不诚惶诚恐；微笑着接受荣誉，说明你充满喜悦但不骄傲自满；遇见领导、老师，展现一个微笑，表达了你的尊敬但无意讨好；微笑着面对困难，用笑脸迎接一个悲惨的命运，用百倍的勇气来应付一切的不幸，说明你经得住考验和磨炼，你有战胜困难的勇气和信心。

其实,温和、含蓄的微笑不仅是应付社交的手段,而且蕴含着一个人的人生价值观。

(5) 营造人和氛围

我国有句俗话叫作"和气生财",要成就一番事业,需要天时、地利、人和,天时不如地利,地利不如人和,而微笑最易营造人和的氛围。微笑是人宝贵的无形资产,可以说成功从微笑开始。一个大公司的人事经理经常说,"一个拥有纯真微笑的小学毕业生,比一个面孔冷漠的哲学博士更有用"。因为微笑是一个职业人的基本素质,也是公司最有效的商标,比任何广告都有用,只有它能深入人心。

案例

从1家扩展到70多家,从5000美元发展到数十亿美元,声名显赫于全球的美国希尔顿酒店,半个世纪以来,无论经济如何波动,它的生意依然长期火爆,企业财富直线攀升,稳坐世界酒店业"大哥大"的地位。当有人探询其成功的秘诀时,希尔顿微笑着说:"经营微笑。"

1930年是美国经济最萧条的一年,工厂倒闭,工人失业,85%的民众靠社会救济金维持生计,哪有闲钱去住酒店。因此,全美国80%的酒店关门打烊,转让出售的广告几乎遮盖了酒店的大门和橱窗。希尔顿酒店也是一年接一年地亏损,一度达到欠债50万美元的境地。面对此情此景,希尔顿召集留下的部分管理人员研究对策,寻找摆脱困境的良方。有人建议降低床位费,有人提出提高饭菜档次,还有人想出了添置一流设备,等等。面对五花八门的提议,希尔顿却提出"经营微笑"的独特思路。希尔顿告诉管理人员和员工,酒店只有一流的设备而没有一流的微笑,客人会认为我们提供的服务是欠缺的、不完美的。生活中缺少了微笑,犹如花园没有阳光,所以,希望大家思考一下"经营微笑"的具体策略。

在微笑经营的具体措施上,希尔顿制定出了一套完整的步骤和规则。例如,他们根据只有发自内心的微笑才是诚恳的和可亲的这一心理印象,首先培养员工热爱酒店、把客人当亲人的思想感情。其次,把微笑及态度和蔼、语言温馨、举止规范礼貌等纳入量化考核,实行奖惩制度,把微笑这个"软件"提高到比任何"硬件"都重要的位置予以呵护。面对经济大萧条的现状,大多数美国人愁云满面,对前途迷茫和失望。因此,微笑成了20世纪30年代美国大地上最为短缺的"精神产品"。希尔顿正是发现了这一商机,把酒店当作出售微笑的市场,采取迂回曲折的"曲线救国"方案,让希尔顿酒店处处绽放微笑的花朵,成为美国人恢复自信、安慰灵魂、寻求寄托、感受亲切的家园。

经济萧条刚过,希尔顿酒店集团率先跨入了新的繁荣时期,别人还在装饰酒店寻找客源的时候,希尔顿酒店已进入日进斗金的黄金旺季。

5.3.2 微笑的形象和要求

微笑是指不露牙齿、嘴角两端稍稍翘起的笑。

微笑时，面部肌肉放松，嘴角微翘，轻笑而不露齿，尤其要避免露出牙龈，同时避免牵动鼻子。练习时，要注意下唇不要用力过大。

微笑的主要要求是发自内心。它体现的是内心的快乐，是内心情感的自然流露，包含着对他人的关心和热忱，给人以温暖的感觉，而绝不是故作笑颜，曲意奉承。

微笑还要保持适度。在递送、打招呼时，微笑可以主动热情、亲切友好。而在谈判中，微笑应当是潇洒大方、不卑不亢。

> **案例**
>
> 达·芬奇的名画《蒙娜丽莎》展示了一位一个世纪以来都令人为之倾倒的女人，成为人们心目中最美好的形象。按照我们东方民族的审美观，蒙娜丽莎算不上漂亮，而且还有些臃肿。可是她的迷人之处，正是她那永恒的微笑，使人看上去总觉得心里舒服、愉快，大家也自然会对她产生好感。这就是经典的微笑魅力的案例。

微笑要与眼睛相结合——当我们展示微笑时，眼睛也要"微笑"起来，否则给人的感觉是"皮笑肉不笑"。

微笑要与语言相结合——当我们表示欢迎对方时，不但要微笑还要和"您好""欢迎光临"等语言相配合，让人觉得你更具有亲和力。

微笑要与身体相结合——微笑时还要正确地与我们的身体语言相结合，微笑时身体不能表现得懒散、消极。只有做到口到、眼到、神色到，笑眼传神，微笑才能扣人心弦。

微笑要与仪表、举止相结合——以笑助姿、以笑促姿，形成完整统一、和谐的美。

含义不同的微笑表现也不同。比如兴奋、幸福、心中暗喜的微笑表现为眼睛睁大、瞳孔放大、眼睛闪动频率加快、眉毛上扬，嘴角平或微微向上。兴趣盎然的微笑表现为眼睛轻轻一瞥，停留时间约一秒钟，眉毛轻扬，嘴角向上。对对方感兴趣的微笑，一般采用亲密注视的方式，眉毛轻扬或平，嘴角向上。交际应酬时常用的微笑表现为社交注视方式，眉毛平，嘴角向上。与对方保持距离或冷静观察的微笑表现为平视或视角向下，眉毛平，嘴角向上。

> **100个经典提示**
>
> 49　微笑时要做到口眼鼻眉肌结合：眼睛略眯起、有神，眉毛上扬并稍弯，鼻翼略张开，脸肌收拢，嘴角上翘，唇不露齿。还要做到发自内心，这样的微笑才会亲切可人，真正打动人心。

5.4 眉语和头语

在整个面部表情中,我们很难把眉毛和眼睛隔离开来分析。眉毛的动作是对眼神的一个非常充分的补充和配合。眉毛对于我们表情的功能,就是更加充分地展示我们内心深处的感情变化。

5.4.1 眉毛在沟通中表达的意思

在与人沟通中,虽然眉毛的变化不像眼神那样引人注目,但我们还是可以从中读懂对方的一些心思。

低眉——当人们受到侵犯的时候通常显现这种样子,这是一种带有防护性的动作,通常是要保护眼睛免受外界的伤害。

皱眉——可以代表许多种不同的心情:惊奇、错愕、诧异、怀疑、否定、无知、傲慢、疑惑、不了解、愤怒和恐惧。眉头深皱的人,一般都很忧郁。通常来说,皱眉表现出愤怒和为难的情绪。

眉毛一条略低、一条上扬——这样的形态所传达的信息介于扬眉与低眉之间,一般表示一个人半边脸显得激越、半边脸显得恐惧。眉尾斜挑通常处于怀疑的状态。

打结的眉毛——一般是指两条眉毛同时上扬及相互趋近,和眉毛斜挑一样。这种表情通常预示着严重的烦恼和忧郁。

双眉上扬——如果一个人在谈话时将双眉上扬,则表示出一种非常欣赏或极度惊讶的神情。

单眉上扬——一条眉毛上扬一般表示不理解、有疑问的意思。

眉毛斜竖——说明对方处于极端愤怒或异常气愤中。

眉毛正常——这种情景出现在谈话中,表示他不作"任何评价"。

眉头紧锁——表示这个人的内心深处忧虑或犹豫不决。

眉心舒展——表明这个人的心情坦然,处于愉快的状态中。

> **100个经典提示**
>
> **50** 眉毛作为我们面部的一个组成部分,充分地配合着面部其他器官做着各种动作,只要我们细心观察,就会发现更多对人际沟通有价值的信息。

5.4.2 头部动作表达的沟通信息

头是我们整个人体中最突出的部位,它能表达情感、传递信息,是人际交往中所必须重视的一个环节。因为头部集中了所有表情器官,所以往往是人们关注、观察身体语言的起点。

点头——就是颈部使头部垂直上下运动一次或两次以上,基本含义是同意或赞成,还可表示问候、致意、感谢、满意、理解、舒畅、表扬、拥护、放心、尊敬、佩服等。也可以表示"跟我走""到这儿来""是我""在这里"等信息。

摇头——虽然在含义上不像点头那样宽泛,但摇头除了否定、不赞成等意思外,还可表示"我不懂""此时不宜回答""别再说了""我不接受"等信息。

低头——表明我对你的话不感兴趣或持否定态度。在人际交往中,特别是商务活动中,这种身体语言不受欢迎。低头还有顺从、羞涩、内疚、忧虑、沉思等意思。

头微侧——将头从一侧略倾斜到另一侧,可以让人感到你的"关注"。结合面部表情,可以表达"感兴趣"(脸略带微笑)、"怀疑"(目光直视)等信息。

头挺直——表达出对谈判和对话人持中立的态度,同时还表示自信、严肃、正派、自豪、专注、勇敢、精神等信息。这种态度在人际沟通中很受欢迎。

头向前——表示倾听、期望,或同情、关心。

头向后——表示惊奇、恐惧、退让或迟疑。

头一摆——一般是提醒他人快走的意思。

头一扬——表示傲慢、藐视等。

拍头——表示后悔、对不起等意思。

> **案例**
>
> 唐代诗人李白的《静夜思》脍炙人口:"床前明月光,疑是地上霜。举头望明月,低头思故乡。"没有华丽的辞藻,只是一个"举头",一个"低头",就把诗人旅思的情怀表现得淋漓尽致。"举头",触发了遐思;"低头",陷入了沉思。一"举"一"低"的两个动作,深刻地表达了诗人内心的思想感情。

思考与训练

1. "出门看天色,进门看脸色"。脸色的观察对我们的交流沟通有什么作用?
2. 在与他人交谈时,应注意控制哪几种眼神?为什么?
3. 假如你要代表公司参加商务谈判,请根据本章内容,谈谈要注意哪些问题?
4. 技能训练题:
(1) 训练眼球的灵活性,使自己在社交中更受欢迎。

① 眼珠顺时针方向转动，由慢渐快，5秒钟后再逆时针方向转动，每天练两次。

② 观察快速奔跑（飞）的动物，让眼睛随动物的奔跑（飞）而运动。

（2）微笑训练。

拿一根筷子含在口中，要求筷子尽量地将嘴拉开，作微笑状。对着镜子调整眼神，将你认为最美的表情定格，坚持5分钟。休息片刻再重复训练，直到拿起镜子很自然地就能看到自己满意的微笑为止。微笑辅助训练，会使微笑的效果更好。

第 6 章

肢体语言沟通技巧

> **☞ 学习目标**
> - □ 了解和掌握手势语的表达技巧。
> - □ 掌握规范的站、坐、走姿,并且能在实际中运用。
> - □ 熟练运用握手礼等有效的肢体语言。
> - □ 正确把握人际交往中的空间距离。

第6章 肢体语言沟通技巧

6.1 手势语言

肢体语言又称为身体语言,是指经由身体的各种动作,从而代替语言借以达到表情达意的沟通目的。广义言之,肢体语言也包括面部表情。狭义言之,肢体语言只包括身体与四肢动作所表达的意义。当事人以此等肢体活动表达情绪,别人也可由之辨识出当事人用其肢体动作所表达的心境。如鼓掌表示兴奋,顿足代表生气,搓手表示焦虑,垂头代表沮丧,摊手表示无奈,捶胸代表痛苦,等等。

相关链接

> 由肢体动作表达情绪时,当事人经常并不自知。当我们与人谈话时,时而蹙额,时而摇头,时而摆动手势,时而两腿交叉,我们多半是无意识的。正因为如此,心理学家提出一个如下的假设:当你与人说真话的时候,你的身体将与对方接近;当你与人说假话的时候,你的身体将离开对方较远。此假设验证的结果发现:如果要求不同受试者,分别与别人陈述明知是编造的假话与真正的事实时,说假话的受试者会不自觉地与对方保持较远的距离,而且显得身体向后靠,肢体的活动较少,唯面部笑容反而增多。因为肢体语言通常是一个人下意识的举动,所以它很少具有欺骗性。

在与人沟通时,虽然有声语言是沟通的第一选择,文字语言和体态语言表达的信息,能帮助我们更好地获得沟通的成功。但是,我们还需要了解和掌握肢体语言和其他非语言沟通技巧,才能让自己在与人沟通中如鱼得水,帮助自己成就事业。

手势语言是人们在沟通中常用的肢体语言。手势语言是指说话人运用手指、手掌和手臂的动作变化来表情达意的一种语言,是社会活动中不可缺少的动作,也是极富有表现力和吸引力的行为语言。当众讲话的手势不但能强调和解释语言所传达的信息,而且往往能使讲话的内容更丰富、形象、生动,让听众可听、可看、可悟。对于大多数人来说,手势能表达从失望(绞手)到愤怒(紧握拳头);从苦思冥想(咬指头)到通过敲打物体、擦鼻和其他方式表示的不耐烦等情感。如摊开双手表示真诚坦率;在被人责备时,在胸前摊开双手,表现出无可奈何的样子,有的人还同时耸耸肩。

100个经典提示

51 手势语言能让有声语言更生动、更形象。

6.1.1 交际活动中常见的几种手势语言

仰手式——即掌心向上，拇指张开，其余几指微曲。手部抬高表示欢欣赞美、申请祈求；手部放平表示诚恳地征求听众的意见，取得支持；手部降低表示无可奈何。

覆手式——即掌心向下，手指状态同上，这是审慎的提醒手势。演说者有必要抑制听众的情绪，进而达到控制场面的目的，也可表示否认、反对等。

切手式——即手掌挺直全部展开，手指并拢，像一把斧子飕飕地劈下，表示果断、坚决、快刀斩乱麻等意思。

> **案例**
>
> 周恩来总理非常善于使用交际手势。基辛格在回忆周总理的外交艺术时曾说："他经常靠在椅背上，用富有表现力的手势来增强谈话效果。当要扩大说话范围，或者从中得出一般性结论时，他经常用手在面前一挥。在搁浅的争论有了结论时，他又会把两手放在一起，十指相对。"周总理恰到好处的手势运用，在谈判过程中发挥了"导势"作用，也给基辛格博士留下了深刻的印象。

啄手式——即手指并拢呈簸箕形，指尖向着听众。这种手势具有强烈的针对性、指示性，但也容易形成挑衅性、威胁性，一般是对相识者或与演说者有某种关联时才使用。

剪手式——即手切式的一种变异。掌心向下，然后同时向左右分开。这种手势表示强烈的拒绝、毋庸置疑。演说者也可以用这种手势排除自己话题中涉及的枝节。

伸指式——即指头向上。单伸食指表示专门指某人、某事、某意，或引起听众注意；单伸拇指表示自豪或称赞；数指并伸表示数量、对比等。

包手式——即五指尖相触，指尖向上，就像一个收紧了开口的钱包。这种手势一般是强调主题和重要观点，在遇到具有探讨性的问题时使用。

推手式——即指尖向上、并拢，掌心向外推出。这种手势常表示排除众议，一往无前的态势，显示出内心的坚决和力量。

抚身式——即用手抚摸自己身体的一部分。双手自抚表示深思、谦逊、诚恳；以手抚胸表示反躬自问；以手抚头，表示懊恼、回忆等。

握拳式——即五指收拢，紧握拳头。这种手势有时表示示威、报复；有时表示激动的情绪、坚决的态度、必定要实现的愿望。

> **100个经典提示**
>
> **52** 讲话过程中的手势是内在情感的自然表露，而不应是生硬的做作，否则，不仅达不到表情达意的效果，反而会画蛇添足。

6.1.2 手势语言的表达技巧

在社会生活中,人们常常用一些约定俗成的手势来代替语言行为。如招手表示让对方过来,摆手表示不要或禁止,挥手表示再见或致意等。

100个经典提示

53 了解手势语言的表达技巧,能帮助我们与他人沟通更通畅。

很多手势都可以反映人的修养、性格,所以与人沟通时要注意手势的幅度、次数、力度等。手势的幅度大小要适宜。一般场合,手势动作幅度不宜过大,次数不宜过多,不宜重复。与人交往时,多用柔和曲线的手势,少用生硬的直线条手势,以求拉近彼此之间的心理距离,同时要避免不良手势。

案例

电影《秋菊打官司》中有这样一个细节:在乡公安的调解下,村长同意拿出200元钱给被他踢坏的秋菊丈夫治病,也算是给秋菊赔不是,秋菊同意了。可是,当身怀六甲的秋菊到村长家要钱时,村长不是诚恳地认错,递钱给秋菊(这是秋菊历尽千辛讨说法的唯一企盼),而是将钱扔在了地上,让秋菊去捡。村长这一"扔钱"的手势语,激怒了秋菊,迫使她进一步到市里去打官司。

(1) 手掌

人们一般认为,敞开手势象征着坦率、真挚和诚恳。判断一个人是否诚实,有效的途径之一就是观察他讲话时手掌的活动。小孩儿撒谎时,手掌藏在背后;成人撒谎时,往往将双手插在兜里,或者双臂交叉,不露手掌。常见的手掌语有两种,一是掌心向上,表示诚实、谦虚和屈从,不带威胁性;另一种是掌心向下,是压抑、下指令的表示,带有强制性,容易使人产生抵触情绪。

相关链接

研究表明,非语言沟通自始至终贯穿于人际沟通的全过程,只要沟通存在,参与沟通的双方就无时不在双向传播、交流着特定的非语言信息,如对方的表情、发型、穿着、姿势、距离、方位、携带物品、行为举止等,它与语言信息一起,同步推动着人际沟通的协调发展。

(2) 拇指

拇指动作显示的是一种积极的动作语言,用来表示当事者的能力。伸出拇指表示赞赏、肯定。如果把双手插在上衣或裤子口袋里，伸出两拇指，就是显示自己"高傲"态度的手势。还有人习惯将双臂交叉于胸前，两个拇指上翘，既显示出防卫和敌对情绪，又显示出十足的优越感，这种人一般比较难接近。值得注意的是，拇指与食指相擒，是一种"谈钱"的手势，有身份的人用此手势会有失"大雅"。

> **100个经典提示**
>
> 54　有许多人在和他人说话时，喜欢伸出食指，这个动作的本意是指明方向、训示或命令。假如你不是指方向，最好还是别用这个手势。

（3）背手

有地位的人都有背手的习惯，显然，这是一种表达至高无上、自信甚至狂妄态度的动作语言。背手还可以起到"镇定"作用，双手背在身后，还能表现出自己的"胆略"，学生背着手背书，能缓和紧张情绪。上述指的背手，其动作是指手手相握的背手，而不是一只手握在另一只手的腕、肘、臂上，后者表现的是沮丧不安的心情，且握的部位越高，沮丧的程度也越高。

（4）搓手掌

除冬天搓手掌是为了防冷御寒外，平时则表示人们对某件事亟待解决的心情。一般来说，双手相搓表示这个人内心正处于左右为难和烦躁不堪的境地。运动员起跑前搓搓手掌，期待胜利。国外餐馆服务员在你桌前搓搓手掌，询问你还要再点什么时，实际上是对小费的期待、对赞赏的期待。

6.1.3　沟通中的规范手势

标准的手势姿态是：五指并拢，手掌平面与地面成 45°夹角，掌心向上；手臂伸直，与手掌成一条直线，肘关节自然弯曲。手势美是一种动态美，运用手势时要规范和适度，遵循欲扬先抑、欲上先下、欲左先右的原则；手势上界一般不宜超过对方视线，下界不低于腰部，左右摆动幅度约在胸前；手指曲线宜软不宜硬、宜慢不宜猛；不能掌心向下，不能紧攥拳头，也不能用手乱指点。

> **100个经典提示**
>
> 55　手势语也有文化差异，不同的国家或民族，同一种手势可以是相近或相同的意思，也可能是相反的意思。

运用手势要注意：手势不宜过多，也不宜过于单调，反复一种手势会让对方感到缺乏修养；在任何情况下都不要用手指指自己的鼻尖，或用手指指点他人；与人打招呼、致意、鼓掌、挥手告别时，要注意适度；为他人作介绍、指方向、请人做某件事时，应掌心向上，手指自然并拢，以肘关节为轴，指方向时上身应稍向前倾，显示自己的诚恳、恭敬、有礼的风度。

6.1.4 各种握手方式表达的意思

握手是现代社会习以为常的见面礼。标准握手礼应该在行礼时行至距离握手对象 1 米处，双腿立正，上身略向前倾，伸出右手，四指并拢，拇指张开与对方相握。握手时应用力适度，上下稍许晃动三四次，随后松开，恢复原状。握手时间应在 3 秒以内。握手还要讲究伸手原则，即"尊者为先"，长辈、上级、女士先伸手，表示对他们的敬重。握手的方式也千差万别，除了上述提到的标准握手礼外，还有许多握手方式，我们可以通过不同的方式，了解对方的心情。

> **56** 在正式的社交场合，应该做到任何时候都不拒绝与他人握手。

（1）支配性与谦虚性握手

握手时掌心向下或向上，反映了两种不同的态度。掌心向下传递的是支配性态度，地位显赫的人习惯这种握手方式；掌心向上传递的是顺从性态度，愿意接受对方支配，谦虚恭敬。若两个都是想支配对方的人掌心相握，握手则出现竞争态势，其结果，双方的手掌都处于垂直状态。一般同事之间、地位相等的人之间，往往会出现这种形式的握手。

（2）"死鱼"式的握手

我们在与人交往时，往往会接到一只软弱无力的手，对方几乎将他的手掌全部交给你，任你摆握，像一条死鱼。让人感到无情无意，受到冷落，十分消极。握手无力一般还表示此人个性懦弱、缺乏气魄，或者傲慢、冷淡、矜持。

（3）直臂式握手

即握手时，你面前猛然出现一条僵硬挺直的胳膊，掌心向下，让人感到对方放肆、粗鲁，因而令人产生厌恶情绪。所以，日常生活中，应避免这种握手方式。

（4）手扣手相握

这种方式就是双方右手相握后，一方又伸出左手握住对方的手背，双手夹握。西方称之为"政治家的握手"，接受者感到对方热情真挚，诚实可靠。但初次见面时应慎用。

（5）捏指尖式握手

女性中常用这种方式，不是亲切地握住对方整个手掌，而是轻轻地捏住对方的几个指尖，给人以十分冷淡的感觉。其用意一般是要与对方保持距离。

（6）拽臂式握手

将对方的手拉过来与自己相握，因此常被称为"拽臂式"。胆怯的人多用此式，但这种方式同样给人不舒服的感觉。

（7）双握式握手

用双手握手的人是想向对方传递趋势友好的情感。右手与对方相握，左手伸出去加握对方的手腕、肘、上臂、肩等部位。从腕开始部位越往上，越显得诚挚友好。

> **相关链接**
>
> 美国著名的盲人女作家海伦·凯勒曾写道，"我所接触过的手，虽然无音，却极有表现性。有的人握手能拒人千里，我握着他们冷冰冰的指尖，就像和凛冽的北风握手一样，也有些人的手充满阳光，他们握住你的手，使你感到无比温暖。"海伦对握手带给人的感觉表述得很精彩。握手的力量、姿势、时间长短能够表达握手人的不同态度和思想感情。

6.2 站姿

俗话说，"站有站相，坐有坐相"。如果我们在与他人交往时，站无站相，弓腰驼背或双腿抖动，或懒洋洋地倚墙靠桌，对方一定会把你归入到无修养的一类人当中，自然会影响双方之间的沟通。

6.2.1 正确的站姿

正确的站姿应该是：身躯挺直，挺胸收腹，立腰提胯，抬头平视，嘴唇微闭，面容平和自然。双肩放松，保持水平，双臂自然下垂于体侧，手指并拢并自然微曲，双腿并拢直立，双脚之间成45°或60°夹角，距离以不超过双肩为宜。男士站立时，双脚可呈"八"字形，两脚距离小于或等于肩宽；双手搭在一起放在腹部或臀部，也可一只手垂于体侧，另一只手放于腹部或臀部。女士站立时，双脚可呈"V"字形，脚后跟靠紧，脚尖展开成60°～70°夹角，右手可放在左手上，轻贴于腹部，或右脚向前将脚后跟靠于左脚内侧，成丁字步等。

缺乏自信、消极悲观、甘居下位的人，站立时往往弯腰驼背；充满自信、乐观豁达、积极向上的人，往往脊背挺得笔直。

> **100个经典提示**
>
> 57 挺胸收腹的正确站姿，还能使你保持苗条的身材。

6.2.2 应避免的站姿

站立时，有些姿势我们要尽量避免：双腿交叉站立，这种站姿会给人以不严肃的感觉；双手或单手叉腰，这种站姿常含有攻击性的意思；双臂交叉抱于胸前，这种站姿含有消极、防御、抵抗之意；双手放在衣袋或裤袋之中，这种站姿给人以不严肃或拘谨之感；身体抖晃、东歪西靠，这类站姿给人留下散漫、没教养的印象。

社交场合站立时，不应有摆弄打火机、香烟盒，或咬指甲等小动作，这样会使人觉得你很拘谨、缺乏自信。

6.2.3 脚的动作语言

脚的动作虽然不易观察，但却能更直观地反映对方的心理。挑衅时双腿挺直，厌烦或忧郁时双腿无力，兴奋时手舞足蹈。如果一个人脚踝交叠、双手抓紧椅子，表现出他正处于某种压抑之中。如果他在发火，同时又在千方百计地控制着自己，就会不自觉地收紧脚踝站着。叉腿站着，说明他不自在，紧张而不自然。一般场合中，站立时不停抖动是得意忘形的表现，但有时因焦急等待某人，也会抖动腿。跺脚表明兴奋，但在愤怒时也会跺脚。

> **相关链接**
>
> 英国心理学家莫里斯经过研究发现，人体中越是远离大脑的部位，其可信度越大。面试官可以通过应聘者的脚步对其性格、情绪进行推断。一般情况下，脚步沉稳，表现其沉着、踏实；脚步轻快可反映其内心的愉悦；脚步小且轻，表示其谨慎、服从；脚步匆忙、沉重且凌乱，则可判断其性格开朗、急躁、胸无城府。此外，脚语还能透露出人的心理指向。如果应聘者一坐下来就跷起二郎腿，则可能表明他有不服输的对抗意识，或者有足够的自信，或者有强烈的表现自己的欲望。

6.3 坐姿

坐姿是指人们就座时所呈现出的姿态。在面对面沟通时，人们大多会选择坐下进行交谈，而美的坐姿是一种文明行为，不仅能表现体态美，也可体现行为美。

6.3.1 入座的规范

入座时要保持上身挺直，不要耷拉肩膀，含胸驼背，给人萎靡不振的感觉。无论是坐在椅子上还是沙发上，最好不要坐满，只坐一半儿或不超过 2/3，端正挺直上半身能显得比较精神，但不宜过于死板、僵硬，使人感到不自然。年轻或身份低的人采用这种坐姿，能表示对对方的恭敬和尊重。如果坐久了也可适当地在椅子或沙发上靠一靠，但不能将腿脚直伸，或半躺半坐；更不可歪斜着瘫在沙发上，这种坐姿是放肆、没修养的表现。

6.3.2 端坐的规范

端坐时双手的摆放要自然得体。可以轻放在腿上，也可以平放在椅子两侧的扶手上。双腿不宜分得太开，双膝应自然并拢，双腿正放或侧放。女性端坐时最忌双脚分开跷起脚尖、摇腿，穿裙装忌露出大腿或衬裙等。入座时，不能让椅子发出乒乒乓乓的声音，应该轻轻入座。起坐时要轻而缓，不要猛起猛坐，起坐时应与对方打招呼，表示告辞的意思，然后右脚向后收半步，再起立，双脚并齐。

不同场合有不同的坐姿要求。

第一种场合如谈话、谈判、会谈时，一般比较严肃，适合正襟危坐。要求上身正直，臀部落座在椅子的中部，双手放在桌或腿上，脚可并放或侧放。

第二种场合如倾听他人教导、指示、传授、指点时，对方是长者、尊者、贵客等，坐姿除了要端坐之外，还应坐在椅子的前半部或边缘，身体稍向前倾，以表现一种积极、迎合、重视的态度。

第三种场合如职业女性在社交中，为了使坐姿更优美，可采用略侧向的坐法，头和身子朝向对方，双膝相并或一前一后均可。但要记住落座时别忘了把裙子向腿下理好、掖好，以免不雅。

第四种场合如在比较轻松、随便的交往中，可以坐得比较舒展、自由。可以不断地变换坐姿，让自己更舒适，得到更好的休息。

> **相关链接**
>
> 坐姿一般可分为严肃坐姿、半随意坐姿和随意坐姿三种。
>
> 严肃坐姿指身体挺直、双腿并拢或略微分开，即正襟危坐。一般在谈判、重要会议等隆重场合，采取严肃坐姿，以示庄重和对公众的尊重。
>
> 半随意坐姿指背靠坐椅，双手置于坐椅的扶手上，两腿自然落地，或一条腿架在另一条腿上。一般在交谈、接待、庆典、联谊会等场合采用半随意坐姿，有利于营造融洽和谐的气氛，缩短交际双方和多方的心理距离。
>
> 随意坐姿只适宜非正式场合，交际各方十分熟悉和了解，或在亲友之间采用。相比上述两者，此种坐姿更自由、更舒适。

6.3.3 不同坐姿的效果

一个人的坐姿不仅可以反映他惯常的性格特征，而且能反映此时此刻的心理。因此，我们在人际沟通中，要注意对方的坐姿，调整与其沟通的方式，达到更好的沟通效果。

如果对方手脚伸开，懒洋洋地坐在椅子上，说明他相当自信，对谈话对象稍有些瞧不起。如果你不能容忍对方的这种态度，可以找一些远距离的椅子坐下，让他够不着你，并可不断地拿出文件、照片或其他东西给他看，他便不得不挪动位置，这样就能自然地改变他的心理定向。如果对方习惯坐在椅子边上，说明他不够自信，还有几分胆怯，随时准备站起来，或随时准备中断谈话。

重重坐下来的人，此时的心情是烦躁的，我们最好不要和他们谈什么重要的事情，否则我们不会得到满意的结果。而轻轻落座的人，心情一定是平和的，我们可以与其自由地交谈。侧身坐的人，除了心情舒畅外，还觉得没必要给你留个好印象。喜欢与我们对坐的人，希望能被你理解。喜欢与我们并排坐的人，认为与你有共同语言。正襟危坐、目不斜视的人，或对你恭敬并力图留下个好印象，或此刻内心有些许不安。有意识从与我们并排坐改为对坐的人，或者对我们抱有疑惑，或者对我们有了新的兴趣。坐姿因人的个性和心理状态不同而不同，坐姿的表意功能也是较丰富的。

> **100个经典提示**
>
> **58** 因为人的交往大多是坐着进行的，所以我们平时独处时也应养成良好的坐姿，为人际沟通的成功打下良好的基础。

6.4 走姿

走姿指人们在行走时所呈现的姿态。有的人步伐矫健，动作敏捷，给人以健康、活泼、精神抖擞之感；有的人步履轻盈，体态端庄，使人觉得斯文、优美而庄重；也有的人走路弓腰驼背、左摇右晃，让人看了很不舒服。在与人交往中，良好的走姿不但能使自己更有风度，同时还有助于身体健康。

6.4.1 走姿的总体要求和基本要领

走姿的总体要求是：轻松、矫健、匀速。即行走时目光平视，头正颈直，挺胸收腹，身体平稳，双臂自然下垂，前后自然摆动。行走中要求行姿协调、自然，富有节奏感和韵律感，一般用"行如风"来形容。要求男士要矫健、稳重、刚毅、洒脱，具有阳刚之美。女士则要求轻盈、柔软、玲珑、淑雅，呈现阴柔之美。

走姿的基本要领是：上身挺直，头正挺胸，收腹立腰，重心稍向前倾；双肩平稳，两臂以肘关节为轴，前后自然摆动，摆幅以30°～40°为宜，手臂外开不超过30°；步位准确，两脚内侧落地时，行走的线迹为一条直线；步幅适当，一般是前脚的脚跟与后脚的脚尖相距一脚长；保持一定的速度，不拖沓，男士每分钟约110步，女士每分钟约90步；停步、拐弯从容不迫，控制自如。

> **100个经典提示**
>
> **59** 性别不同、着装不同，其步幅也不相同。一般较普遍的是男士每步约25厘米，女士每步约20厘米。

6.4.2 各种场合的步态要求

（1）步态的调整

脚步的轻重、快慢、幅度及姿势，必须与出入的场合相宜。室内行走应轻而稳；花园散步要轻而缓；病房或阅览室走路要轻而柔；参加婚礼步子要欢快、轻松；参加丧礼则应显得沉重、缓慢。几个人一起走时，力求步伐协调，过快或过慢会显得与大家格格不入。上下楼梯时，上身均应保持挺直，且靠右侧行走，不要低头看楼梯，眼睛应平视前方，落脚要轻并且要用眼睛的余光找好每一步落脚位置。不要弯腰驼背，不要手扶楼梯，注意在楼梯行走时要与他人保持一定的距离。

（2）不美的步态

只要我们观察就会发现人群中有许多不美的走姿，如摇头晃肩、左右摆动，这种走姿给人的印象是轻浮、少教养。弯腰弓背，低头无神，两脚拖地，步履蹒跚，这类走姿给人以压抑、疲倦苍老的感觉。双手叉腰，或反背于身后，这类走姿给人以傲慢、呆板的感觉。双手插入裤袋，这种走姿显得拘谨、小气或随便。不美的走姿会影响人际沟通的效果，所以我们要掌握规范优雅的走姿，还要注意在不同的场合使用不同的步态。

> **100个经典提示**
>
> **60** 步态要因人、因时、因地而异。男子走路贵稳健、迅捷，女士走路应婀娜、轻盈，但都以自然明快为好。

6.4.3 不同步态表达的心境

每个人都有独特的走路姿态，即步态不同，熟人哪怕相隔较远也能辨认出来。人的步伐、跨步的大小和姿势，与情绪关系密切。假如一个人很快乐，他会走得比较快，脚步也轻快。反之，他的双肩会下垂，脚像灌了铅似的很难迈动。一般来说，走路快且双臂自然摆动的人，往往有坚定的目标而准备积极地加以追求；习惯双手半插在口袋中，即使天气暖和时也不例外的人，喜欢挑战而具有神秘感。

> **相关链接**
>
> "脚语"反映人的性格。走路大步流星、脚步重的人，性格一般比较开朗、直率，不留心眼。走路稳重、步子有节奏的人，较为成熟老练。而走路小心翼翼的人，往往比较细心精明。"脚语"还能泄露人的情绪。人们在心情愉快时，脚步往往比较轻松；在烦恼苦闷时，步履不免沉重拖沓。

一个自满甚至傲慢的人走路时，他的下巴通常会抬起，手臂夸张地摆动，腿是僵直的，步伐沉重而迟缓，似是故意引起别人的注意。一个人在沮丧时，往往拖着步子将两手插入口袋中，很少抬头看前方。大摇大摆走路的人，虽有自信的气势，但又充满自夸与自满。偷偷摸摸地走，源于自卑或心里充满恐惧，潜向一旁，其意在于不引起别人注意。有的人走路总是很慢，生怕踩死蚂蚁，无论你怎么催促，他还是照旧，这种人是典型的慢性子。急走是焦虑女性的步态，神情慌张，且经常变换方向。如果一个男人的步态也是如此，那么这种人的性格一般比较柔，且喜欢吹毛求疵。

> **相关链接**
>
> 步态千姿百态，变化万端。
>
> 有消磨时间的散步、无精打采的漫步、大摇大摆的阔步、闲庭自得的信步、节奏均匀的慢跑、风驰电掣的疾奔、老态龙钟的蹒跚、犹豫不决的徘徊、偷偷摸摸的蹑行、摇摇摆摆的跛行、姿态优雅的滑行、兴高采烈的蹦跳、心焦气躁的疾走、故作姿态的扭捏、夸张行进的正步、急促小奔的碎步等。

6.5 人际距离与个人空间

人类学家观察发现，人与人之间在面对面的情境中，常因彼此间情感的亲疏不同，而不自觉地保持不同的距离。此种因情感亲疏而表现的人际间距离的变化，在心理学上称为人际距离。显然，人际距离的变化，是双方当事人沟通时在肢体语言上的一种情感性的表示。彼此熟悉的，就亲近一点儿；彼此陌生的，就保持比较远的距离。当一方企图向对方靠近时，对方会不自觉地后退，仍然保持原有的距离。

人际距离，即人际交往的空间因素，是人际沟通必不可少的一个重要组成部分，是非语言符号系统中一种特殊的无声语言。若想与他人交往顺利，懂得对方的空间语言是十分必要的。缺乏对他人空间语言的了解，势必会引起误会和争执。

6.5.1 人际距离的要求

人际距离指的是两位沟通者之间的空间距离。不同的空间距离传递不同的信息，但又不能固定不变，因为空间距离因文化背景不同而异。一般而言，在个人要求的空间范围方面，亚洲人比西方人要小。西方人在与中国人交往时，常能看到西方人有意识地保持两人距离，让人感到不好接触，感到对方不够友好。

> **100个经典提示**
>
> **61** 关系友好、有共同语言的两个人会自然地并肩站在一起；有意见分歧的两个人面对面站立时，则会自然地保持较远的距离。

人际距离因性别不同而异——男人与女人相比，男人需要的"安全圈"要比女人的大一些，特别是同性之间，几乎看不到两个成年男子手拉手散步的场景；女人则不同，喜欢拉手搭肩而行，即使是陌生人之间，也可表现得很亲密。若干个男人处于一间小屋里，会令他们焦躁不安，情绪易于激动；而同等数目的女性在同样大小的屋子里，会使她们的关系更加亲密融洽。女性往往选择靠近她喜欢的人的旁边坐下，男性则选择在他喜欢的人的对面坐下。

人际距离因场地不同而异——当人们与陌生人相处时，都会保持一定的距离。但当受到场地限制时，距离不得不缩短时，如在非常拥挤的公共汽车上或繁华的闹市中，人们已不存在私有和公有空间，素不相识的人挤在一起，人们虽然身体挨得很近，却常常会把视线移到别处，一般不会四目相对，从而达到自己心理上自我保护意识中的空间范围。

人际距离因双方关系亲疏不同而异——两个陌生人之间的交际距离比两个熟人之间的交际距离远；一般关系中的人交往比好朋友之间距离远；通常朋友关系与情人相比，朋友间明显比情人间距离远。

6.5.2 恰当运用人际距离

距离按其远近分为四种类型。

亲密距离——是指处于亲密区的人相互之间的空间距离，具体为 0.5 米范围之内。表示人际关系亲密，大多为自己的亲人和密友。一般人不能闯入这个空间，否则会令人焦虑不安。

第 6 章 肢体语言沟通技巧

> **相关链接**
>
> 零距离一般指身体上的接触，如握手、抚摸、拥抱、亲吻等亲密动作。通常在亲密的情景中被沟通者使用。它受到一系列严格的社会规则支配，沟通者不能随意进入零距离区。特别是我国崇尚含蓄美，更要慎用。

常规距离——是指处于个人日常交往区内的人相互之间的空间距离，具体为 0.5～1.2 米范围。这个距离是非正式个人交往时经常保持的距离，一般指与朋友、同事、要好的邻居等之间交往时的距离。常规距离是各种宴会或非正式场合站立交谈时的最佳距离。

社交距离——是指处于社交场合中的人相互之间的空间距离，具体为 1.2～3.5 米范围。因大家相互之间不是太熟悉，这个距离有利于体现双方的地位和尊严，而且能使人头脑清醒、理智，从而达到理想的沟通目的。

> **100个经典提示**
>
> **62** 在社交活动中，如果随意缩短双方距离，会给对方造成压迫感，不利于有效沟通。

公众距离——是指处于公共区的人相互之间的空间距离，具体为 3.5～4.5 米范围。这个距离通常会借助话筒等设备，亦称为公开讲话距离，如讲座、演讲、领导的报告等。

距离的不同表达了不同的意思，随意改变容易造成误会。如果你将"常规距离"缩短为"亲密距离"，对方可能就会不自在，拒绝与你交谈，就会影响工作。如果你将"亲密距离"拉大到"常规距离"，对方会立刻感到你在疏远他、拒绝他。

6.5.3 个人空间的讲究

与人际距离相似的另一个现象是个人空间。个人为了保持其心理上的安全感受，会不自觉地与别人保持相当距离，甚至企图在其周围划出一片属于自己的空间，不希望别人侵入。在图书馆或公共场所内，经常看到很多人，自己坐一个位子之外，企图再用其携带的物品占据左右两边空的座位。此时所表达的是一种防卫，防卫外人侵入其个人空间时带来不安的情绪。我们可注意观察这些人的情绪变化，如有陌生人要求坐在他的旁边，他就会感到不安，甚至起身离去。如遇到他熟悉的人，他会招呼对方，主动让左右的位子给对方，而且他会因此而感到非常高兴。

我们无论走到企业还是机关，都不难发现，同一个单位内，从办公室的大小，就很容易判断主人的职务。职务越高，办公室越大，办公桌也越大。这些大办公桌不仅使办公室看上去更气派，重要的是它们成了与来访者保持距离的"缓冲带"，以显示主人的威严。但大办公桌同时也减少了来访者与主人间的沟通。现在有许多企业家，为了缩短距离，增强沟通效果，会从办公桌后面走出来，与来访者握手，并排坐在沙发上交谈。实践证明，这样做有利于改善管理者与下属的关系。

思考与训练

1. 在与人交往中，我们如何正确运用手势？
2. 当对方与你交谈时，以爱理不理的态度懒洋洋地坐在椅子上，你将如何面对？
3. 人际交往的空间距离有几种？为什么说不能随意改变空间距离？
4. 技能训练题：

（1）与你周围的人一起练习握手礼，并体会一下不同的握手方式给你的感觉有何不同。

（2）按照"正确的站姿"要求，练习站姿。请靠墙站立，练习时，脚跟、臀部、后脑勺三点紧靠墙壁，可在三处各垫一张纸，保证其能贴得更紧，然后在头顶放一本书，使头部保持端正，每日坚持两次，每次练习15分钟，并逐日加长时间，直到自己满意为止。

下篇

职场沟通技巧

第 7 章

求职沟通技巧

> ☞ 学习目标
> - 正确地认识自己,树立正确的职业目标。
> - 掌握个人简历和求职信的写作。
> - 了解自我介绍的步骤。
> - 掌握面试沟通技巧。

7.1 做好求职准备

面对当前求职竞争越来越激烈的实际,如何在毕业后找到一份满意的工作,是摆在我们面前的一个重要问题。不能否认的是,求职时,我们不仅要具备良好的专业素养,而且还要具备一些求职中的沟通技能。只有实现适度、技巧性的沟通,才能让自己充分了解用人单位,让用人单位认识真实的自己,从而实现求职的目标。

7.1.1 认识自我

正确认识自我就是指一个人对自我的认识要与自我的实际情况相符合。在选择职业时,正确地认识自我,对自己有一个客观、准确的评价,才能结合自身特点进行职业定位,发挥个人优势。

要正确认识自己,我们就必须用全面的、发展的眼光看待自己,既要认识自己的外在形象,如外貌、衣着、举止、风度、谈吐,又要认识自己的内在素质,如学识、心理、道德、能力等。既要看到自己的优点和长处,又要看到自己的缺点和不足。因为,我们每个人的外在形象和内在素质都有自己的优势,又有自己的不足,正所谓"金无足赤,人无完人",我们每个人都有自己的缺点,但同时每个人也都有自己的闪光点。我们应该多关注自己的优点和长处,要用欣赏的目光来看自己,即使你可能有很多不足。因为只有先看得起自己,才能正确认识自己。

事物总是发展变化的,没有一成不变的事物。我们每个人也都是在不断发展变化的,我们的优点和缺点也不是一成不变的。因此,我们必须用发展的眼光看自己,及时发现自己的新的优点和新的缺点,通过自己的努力,争取变缺点为优点,不断改正自己的缺点来完善自己。

> **100个经典提示**
>
> **63** 认识自己有时候的确比较难,一般来说,当局者迷,旁观者清,周围的人对我们的态度和评价能帮助我们认识自己、了解自己。

7.1.2 明确职业目标

通过认识自我,我们要明确自己的职业目标,即解决"我选择干什么"的问题,这是个人职业生涯规划的核心。职业目标直接决定着一个人的职业发展,而且还能够鞭策自己为实现职业成功不断努力。

职业目标确立一般包括以下过程。

（1）科学测评

通过科学的测评方法，正确认识自身的性格、气质、情商。

（2）结果分析

对测评的结果进行详细的分析，确定与自己性格、气质、情商大致相匹配的职业范围。

（3）职业研究

对各个职业类型分别进行研究，可通过咨询业内专家意见，同时收集职业信息的手段进行。

（4）设立目标

根据分析研究结果，设立具体的职业目标。

（5）具体实施

将职业目标进一步分解，以形成具体实施的步骤，并赋予每一个步骤完成的合理的时间期限。

> **100个经典提示**
>
> 64　一生的职业发展要有明确的目标，学业和专业都要与职业目标协调一致。如果没有职业目标，职业随时有可能陷入停滞状态。

7.1.3　收集就业信息

就业信息是择业的基础，决策的前提，是调整职业目标的参考。在现代社会，就业不仅取决于知识、能力、综合素质、社会需求等因素，也取决于个体所获得就业信息的量与质，以及个体收集、处理、应用就业信息的能力。

（1）收集就业信息的内容

一是就业政策和相关规定，包括国家就业方针、原则和政策及相关的就业法律法规，地方的用人政策等。如北京市及各区招聘的政策、人事代理政策、落户政策等。

二是就业市场供求信息，包括当年毕业生总的供求形势，即本地区与自己同时毕业的学生有多少，而用人单位的需求有多少，是供大于求，还是求大于供，或者两者基本平衡，哪些专业紧俏，哪些专业供大于求。用人单位的信息，即用人单位的基本情况、经营范围、企业历史文化等。

（2）收集就业信息的渠道

学校就业指导中心就业信息网发布的信息。国家有关就业的方针和政策、用人单位的需求信息、招聘活动信息、就业指导等一系列最新信息能在第一时间通过校园就业网或公共栏准确、及时、可信地公布，是目前毕业生就业最主要的信息源。

学校组织的校园招聘会。它是毕业生就业的主渠道，在招聘会上，毕业生可供选择的机会比较多，相对于社会上人才市场的招聘会，供需双方面对面交谈的机会更多一些。

通过国家主管部门、劳动人事部门获得信息。这些部门对用人单位的需求情况比较了解，对社会劳动力、人才需求情况比较清楚，获得的信息比较可靠，有较强的指导性。

通过人才市场中介服务机构和职业介绍服务机构获得信息。随着劳动力市场的发展和完善，人才市场服务机构和职业介绍服务机构将成为毕业生获得信息的主渠道之一。

通过媒体获得信息。报刊、杂志、广播、电视、网络等媒体信息传播速度快、涉及面广，是毕业生就业巨大的信息源。

通过社会实践、参观调查获得信息。教学实习、社会实践、参观调查不仅能巩固毕业生所学知识，加深对职业及用人单位的了解，还可在第一时间获得用人单位的需求信息。

通过亲朋好友介绍获得信息。家人、亲戚、同学与社会上建立起来的庞大的人际关系网，是毕业生获取就业信息的好渠道。

通过信件、电话或拜访获得信息。通过信件、电话或拜访等形式获取信息，其盲目性很大，命中率也很低，但在就业信息量少、就业压力大的情况下，也不失为一种获取就业信息的方法。

（3）就业信息的鉴别和处理

通过各种渠道获得的就业信息，由于信息的来源和获取的方式不同，良莠不齐，真假难辨，这就要求我们必须对所获取的信息进行认真的辨别处理，判断信息的真实性、可信性，去伪存真，从中筛选出有利于求职择业的有用信息。在筛选就业信息时应把握以下原则。

掌握重点——将收集到的所有就业信息进行比较，初步筛选之后，把重点信息选出，标明并注意留存，一般信息则仅做参考。

适合自己——每个人的情况不同，应选择适合自己的信息。

注意时效——收集到就业信息后，应适时使用，以免过期。

确定范围——收集就业范围不能局限于大城市和"热门"单位，否则会降低就业的成功率。

相关链接

求职相关网站：
www.mohrss.gov.cn　人力资源和社会保障部
www.osta.org.cn　国家职业资格工作网
www.newjobs.com.cn　中国国家人才网
www.chinajob.gov.cn　中国就业网
www.ccyw.org.cn　中国创业网
www.ncss.org.cn　新职业网
www.yingjiesheng.com　应届生求职网
www.chinahr.com　中华英才网
www.zhaopin.com　智联招聘
www.51job.com　前程无忧网
www.800hr.com　英才网联
www.jobsoso.com　中文职业搜索引擎

7.2　写好个人简历和求职信

个人简历与求职信是将来求职必备的材料。一份好的个人简历可以帮你在人山人海的简历中脱颖而出，而求职信则是打开这道门的第一把钥匙。

7.2.1　个人简历的书写规范

个人简历是求职者将自己与所申请职位紧密相关的经历、经验、技能、成果等个人信息，经过整理，清晰简要地向招聘者表述出来的书面求职材料，其形式一般为表格式。基本内容可分为以下几个板块。

（1）个人基本情况

主要包括姓名、性别、出生年月、籍贯、政治面貌、身体状况、联系方式（电话、电子邮件、通信地址、邮编等）。

（2）自我描述

主要强调自己的主要经历和能力。

（3）教育背景

主要包括毕业学校、专业、毕业时间、学过的专业课程及对工作有利的选修课程、参加过的各种相关培训和短期课程。

（4）兴趣爱好

主要展现一个真实的自己，有时可产生有益的暗示。

（5）取得成绩

主要指获得的荣誉与奖励。

（6）工作（实习）经历

主要指学习和担任社会工作的经历，以及课余时间参加过的主要活动，包括实习、社会实践、学生会、社团工作等。

（7）求职愿望

主要表明自己想做什么，能为用人单位做些什么等。

（8）其他信息

主要展示除以上内容之外的个人有用的信息，如参加自考通过了几门大专课程，自己的语言能力或计算机技术能力，发表的文章等。

（9）附件

主要包括获奖证书、荣誉证书、职业资格证书、发表作品等复印件。

 案例

个 人 简 历

姓名	李××		性别	女	
出生年月	1998.6		籍贯	浙江杭州	
政治面貌	共青团员		身体状况	健康	
毕业学校	××职业学校		毕业时间	2016.7	照片
所学专业	办公室文员		辅修课程	速录	
电话（手机）	××××××××		电子邮件	×××@163.com	
通信地址及邮编	浙江省杭州市××区××路××号（310000）				

续表

专长爱好	热爱运动，喜好武术 喜欢旅游，户外运动 喜欢文学，爱作文章
求职意向	办公室文员、秘书、商务助理
社会实践	在校期间多次参加过学校志愿者活动 2011年暑假期间到××企业做过暑假工 2012年暑假参与区统计局组织的社会调查活动
任职情况	2010—2013年担任班级宣传委员 2011—2012年担任校学生会干事 2012—2013年担任校学生会文体部副部长
获奖情况	2012年校级优秀团员 连续三年获校优秀学生 三次获得校运动会5000米前三名 全市"我爱我的专业"演讲比赛二等奖 全国秘书职业资格四级 全国计算机等级考试一级
主修内容	办公室事务管理、文书拟写与处理、会议组织与管理、企业行政管理、办公软件应用、办公设备使用与维护、财务基础、公关礼仪、沟通技能、文秘英语、普通话、速记速录、书法、经济法基础等
自我评价	个人优点：思想上积极要求上进，做事注意细节，责任心强，有较强的忍耐性；有较好观察力与敏锐力，动手能力较强，具有团队精神与团队协作能力；待人真诚友善，性格开朗，善于与人交际，社会环境适应能力强。 个人缺点：胆子较小，缺乏魄力。

7.2.2 个人简历的写作要求与写作技巧

（1）个人简历的写作要求

整洁——个人简历一般应打印，保证其整洁性。

简明——个人简历一般 A4 纸一页，或 1200 字以内。

准确——个人简历语言通俗流畅，没有生僻的字词。

诚实——个人简历内容实事求是，没有虚假的成分。

（2）个人简历的写作技巧

要有重点——如果简历的陈述没有工作和职位的重点，或适合于所有职位，在众多应聘者中无法胜出。

尽量推销自己——把简历看作一份广告，简短而富有感召力，多运用动词性短语，使语言鲜活有力。

陈述有用信息——能够多次重复重要信息，陈述的信息尽量符合招聘者的关键条件，如相应实习经历及技术水平。

100个经典提示

65 个人简历应该是学生生活的精华部分，要写得简洁精练，切忌拖泥带水。

（3）个人简历写作的注意事项

个人简历要突出你的特长，要在上面很清晰地写出你会什么，你擅长什么，这些东西最好是别人不会做的。

个人简历不要写一些过分赞扬自己的东西，少用一些诸如我有团队精神，我积极向上，勤奋努力，等等。

个人简历上最好不写自己对薪水的要求，不要用很花哨的字体或者图片，少用专业术语。

个人简历里面不要出现错别字，排版要整齐好看，格式要统一，这样会给用人单位展示出你的认真态度。还可以将曾经获得的证书以复印件的形式按照顺序附在简历后面，给人一种真实的感觉。

不要一份简历投所有的单位，最好给每一个单位专门量身定做一份个人简历。这样做既是对用人单位的尊重，同时也可以给你自己一个面试的准备。

7.2.3　求职信的书写规范

求职信是求职者向用人单位自我推荐的书面材料。包括以下内容。

（1）称呼

一般写求职者心目中的目标单位人力资源部，也可以是单位的高层领导。也可用"尊敬的领导"泛称。

（2）正文

一般由写信目的、个人信息、自荐条件、已有成绩和自荐期待等内容构成。重点应阐明自己与文员工作相关的特长。

（3）结语

书写"此致，敬礼"等祝颂词，也可以是一句完整的对受信者表达祝愿的话。

（4）落款

署上求职者的姓名及写信的准确日期。

求　职　信

尊敬的领导：

您好！

首先，感谢您在百忙之中抽空来看我的求职信，为我迈向成功的第一步打开了大门！谢谢！

我叫×××，是××省××市××职业学校文秘专业的一名学生。三年的学习和实习生活，让我拥有了比较扎实的专业基础知识以及专业技能。同时对 Microsoft Word、Excel、PowerPoint 等办公软件及办公设备都能熟练应用，并且通过考核获得了秘书四级国家职业资格证书和全国计算机一级证书。

在校期间，我曾参与商品推销、市场调查、志愿者服务等一系列的社会实践活动，并在高三年级赴××公司办公室实习近一年。这些实践活动实习实训，不仅增长了我的知识，也让我收获了宝贵的经验与阅历。

我非常热爱我的专业，殷切期盼能在您的领导下，为贵公司的发展出一份力，并不断地学习与进步。最后，祝贵单位事业蒸蒸日上！祝您工作顺心！

此致

敬礼！

求职人：×××
××××年××月××日

7.2.4　求职信写作原则与写作技巧

求职信应根据求职的目的布局谋篇，把重要的内容放在篇首，从阅信人的角度出发组织内容。信件要具有个人特色、亲切且能体现出专业水平。

写求职信要坚持实事求是的原则，用成就和事实代替华而不实的修饰语，恰如其分地介绍自己。多用实例、数据，不用生僻词语、专用术语。

求职信要短，但一定要引人入胜。在求职信中要重点突出你的背景材料中与未来雇主最有关系的内容。通常招聘人员对与其企业有关的信息最敏感，所以你要把你与企业和职位之间最重要的信息表达清楚，切忌面面俱到。

书写要清晰、简单明了，内容、语气、用词的选择和对希望的表达要积极，充分显示出你是一个乐观、有责任心和有创造力的人。

在求职信正式发送之前,给身边的人看一下。这也是求职信撰写中的一个重要技巧,目的是避免歧义的产生,让求职信更好地传达出你所要传达的信息。

7.3 说好自我介绍

从本质上说,求职面试是带有特殊目的的一种沟通。通过求职者的自我介绍和问答式的交谈,招聘单位可以了解求职者各方面的情况,从而作出正确的录用选择。

自我介绍也是一种说服的手段和艺术。因此,自我介绍应根据职位考录的要求来组织介绍的内容,重点是要告诉考官你如何适合这个岗位。

7.3.1 自我介绍的内容与要点

(1) 报出姓名和身份

也许求职者在与面试考官打招呼时,已经将自己的姓名等信息告诉了对方,而且考官也可以从报名表、简历等材料中了解相关的信息,但作为一个完整的自我介绍,开始时必须主动报出自己的姓名和身份,这既是礼貌的需要,也是加深考官印象的步骤。

> **100个经典提示**
>
> 66 自我介绍时,为了让对方对自己的姓名留下印象,往往要对"姓"和"名"加以解析,解析得越巧,人们得到的印象就越深刻。对姓名的解析不仅可以反映一个人的文化水平、性格修养,更能体现一个人的口才。

(2) 介绍个人基本情况

介绍个人基本情况主要包括学历、工作(实习)经历、家庭情况、兴趣爱好、理想与抱负等。这部分的陈述必须抓住要点,简明扼要,线索清晰,最好与应考职位有关。如果开场白结构混乱、内容过长,会给考官留下条理不清、杂乱无章的印象,且让考官倦怠,削弱对继续进行的面试的兴趣与注意力。

> **相关链接**
>
> 首因效应是指最初接触到的信息所形成的印象,对人们以后的行为活动和评价的影响。人与人第一次交往中给人留下的印象,在对方的头脑中形成并占据着主导地位,这种效应即为首因效应。因此,我们必须高度重视给人第一印象的自我介绍。

(3) 展示优势与成果

在有多人面试的情况下，如何才能脱颖而出，需要突出展示自己的能力。因此，应从个人基本情况过渡到自己的优势、特长与已有的成果，以一两个例子来说明自己的能力与经验。比如，在校期间获得的技能竞赛成绩、在学校担任学生干部期间成功组织的活动、假期利用自己的特长参加的社会实践等。

自我介绍也是一种说服的手段和艺术。因此，自我介绍应根据职位考录的要求来组织介绍的内容，不仅要告诉考官你有多么优秀，更要告诉考官你如何适合这个岗位。如果与面试无关的内容，即使是你引以为荣的优点和长处，也要忍痛割爱。

案例

陈毅将军的自我介绍

我叫陈毅，耳朵陈，毅力的毅，刚才司仪先生称我将军，实在不敢当，我现在还不是将军，当然叫我将军也可以，我是受全国老百姓的委托，去"将"日本鬼子的"军"，这一将，直到把他们"将死"为止。

(4) 表明自己的职业理想

最后，可以谈谈自己对应聘单位或职位的认识和了解，说明选择这个单位或职位的强烈愿望。也可以谈谈如果被录用，自己将怎样尽心尽责地工作，并不断根据单位的需要完善和发展自己。这部分内容应密切联系自己的价值观和职业观，并要实事求是，避免空话、大话，让人对你的求职动机大打折扣。

7.3.2 自我介绍的技巧

(1) 要有良好的情绪

在自我介绍时不能面无表情，声音空洞，但也不能矫枉过正，摆出一副奴颜媚骨的样子，让人瞧不起，更不能拿出决斗的架势来，说话带有挑战意味，把对方吓一跳。自我介绍应得体，既不丧失个人人格，又不能傲慢随意。要非常有礼貌地陈述，尽力保持风度。可以对着镜子试试，改掉面部无表情或表情过于丰富的毛病，然后再去应聘。

(2) 要有明确的目的

求职的目的是能获得这个职位。假如你到电脑公司去求职，就绝不要谈你对烹调的兴趣。所以，你必须清楚你的话里有哪些对招聘单位录用你直接产生作用的言词，不要喋喋不休地去谈那些对目前毫无意义的废话。如果把自己的情况试着在两三分钟内讲述得清楚明白，面试考官会觉得你干练，说话得体。

（3）要重视面试态度

如果你给人一种未必真有兴趣的印象，你将发现面试考官也会漫不经心。要积极，不要不好意思表达自己对应聘单位或职位的热情。假如你的主见不同于考官，你必须自始至终地保持冷静和友好。如果在面试中替对方着想并且尽量地使他轻松自若，他会对你表示出好感。

（4）要摒弃不慎的言语或做作的行为

不慎的言语或做作的行为会给人一种不佳的印象。自我介绍过程中，不要装出一副悠然自得的样子；不要借诋毁别人来抬高自己；不要手舞足蹈，分散考官的注意力；不要矫揉造作，虚情假意，让考官感到不舒服。

（5）要说好"我"字

自我介绍过程中少不了说"我"，但左一个"我"怎样怎样，右一个"我"怎样怎样，势必引起考官的反感。要给人留下良好的印象，不但要少说"我"字，而且不要把"我"说得特别重，应在关键的地方以平和的语气说"我"，并且要目光亲切，神态自然，这样才能让人感受到一个自信、自立而又自谦的美好形象。

7.3.3 自我介绍注意事项

① 心态要诚。态度真诚，仪表大方。
② 内容分点。内容分条列项，表达条理清楚。
③ 句子要短。语言表达简明扼要，紧扣主题不夸夸其谈。
④ 说话要白。运用语言通俗易懂、生动活泼，突出口语特点。
⑤ 姿态要正。两手自然下垂，稍息式，重心落在一只脚上。
⑥ 手势不多。要多用单手手势，基本不用复式手势。

> **100个经典提示**
>
> 67　一般情况下，自我介绍的时间应控制在1～3分钟较适宜。时间分配上可根据实际情况灵活掌握。

7.4 答好面试提问

面试是用人单位挑选员工的一种重要方法。是一种经过组织者精心设计，在特定场景下，以考官对考生的面对面交谈与观察为主要手段，由表及里测评考生的知识、能力、经验等有关素质的考试活动。面试给公司和应招者提供了进行双向交流的机会，能使公司和应招者之间相互了解，从而双方都可更准确作出聘用与否、受聘与否的决定。

面试过程中，面试官会向应聘者发问，而应聘者的回答将成为面试官考虑是否接受他的重要依据。

7.4.1 应对面试的基本策略

面试主要是考察求职者分析和解决实际问题的能力，既要看求职者对事物的判断能力，更要看其处理复杂问题的能力和水平。因此，面试前要做好充分的准备，了解应对面试的基本策略。

（1）了解应聘企业及职位要求

没有人会事先知道面试时会被问到哪些问题，然后又不知道自己该怎样应对，这难免造成面试中的紧张或压力。因此，面试前的准备至关重要。

一般来说，答问环节离不开招聘企业及职位要求，求职者可事先深入了解应聘企业及所报考职位的相关信息。比如，企业的发展史、企业的规模、主要产品或服务项目，职位的工作环境、主要职责和任务等。收集与企业和选拔职位有关的各种信息的目的是做好心理准备，以在提问时能临场不慌。

相关链接

企业常规背景信息

这是一家大公司还是小公司？国有企业还是私营企业？公司有多少员工？公司总部在哪里？

公司属于什么行业？这个行业正在成长还是萎缩？

公司主要生产什么产品或提供什么服务？产品是否出口？出口哪些国家和地区？年营业额多少？

公司董事长、总经理叫什么名字？有何突出成就或荣誉？

公司是否重视员工培训与发展？公司内部气氛融洽吗？

最近媒体有无报道公司的新闻？

（2）保持诚实的态度

在面试中，面对考官提出的问题，求职者应当将自己真实的情况展现在用人单位面前，以自己的风采赢得用人单位的认同。要以诚实、稳重、谦虚的态度来表达自己，尽量给考官留下诚恳、可靠、成熟又干练的印象。

> **100个经典提示**
>
> **68** 面试结束时一定不要忘记向考官表达感谢。

（3）学会换位思考

要学会站在考官的角度思考问题。比如，假如自己作为考官，面试过程中最注重的是什么，最看中求职者的是什么。所以，面试时求职者要与考官做好互动，尊重考官人格，理解考官心态。面试之前多进行一些模拟面试训练，真实地体会考官的心理活动，发现问题及时纠正。

（4）注意时间节奏

一般来说，面试前招聘单位会向求职者说明面试的具体要求，如问几个问题、建议答题时间等。由于求职者往往缺乏面试经验或临场紧张等原因，常常不能把握回答问题的时间节奏，出现因个别问题费时过多而未能充分回答其他问题的情况。因此，面试前应了解面试程序和时间，面试时注意时间节奏，根据时间提示，调整好答题内容，确保在规定时间内完整答题。

7.4.2 面试答题技巧

在回答考官的问题时，要按照问题指向答题，不能天马行空，答非所问，或按自己的想法，想到哪儿答到哪儿。应在分析问题的基础上，结合具体实际，有针对性地提出解决问题的具体措施和方法。只有循着问题的具体指向，分析问题进而解决问题，才能充分显现自己的才能。

（1）讲究语言技巧

回答问题必须使用普通话，除非事前规定使用外语。表达应流利，语言力求精练简洁，避免使用"岂有此理""我认为""绝对的""没问题""是不是"之类的口头禅。做到语气平和，语调恰当，音量适中。适当的时候可以穿插一些幽默的语言，增加双方谈话轻松愉快的气氛。同时，恰当地运用微笑、眼神、姿态、手势等肢体语言。

（2）把握答问分寸

在应聘面试时，如果说得太少，考官不能对你有充分的了解，也就减少了聘用你的可能。如果说得太多，又犯了一个忌讳：告诉考官的某些东西反而会导致对方拒绝接受你。解决这个问题的办法是让你居于两者中间，回答时要慎重，与提问相对应，最好使用已经事先准备好的词语，适可而止。

（3）讲究答问技巧

在回答提问时，应聘者易犯的错误，一是没有很好地进行思考、计划、演练以提高自己的发言能力。二是在面试中回答每一个提问时既不顾及考官又不考虑自己，回答问题不严肃。因此，面试中必须讲究答问技巧。

言多必失。阐述的东西超过了面试官所需要了解的是没有必要的。

不卑不亢。面试既不是阿谀奉承，也不是朋友间聊天。你的语气要让考官感受到你充满信心和活力。

谨慎使用专业术语。超出你专业领域的术语很容易就会被识破并导致你出局。

小心地回答提问。考官在问一些你的态度看法或者需要你举例说明的时候，他往往在寻求的不是你的答案而是你的思考方式与习惯，如果他认为你并不能让他和他的公司满意，那么再完善的答案也没有任何用处。

主动提问。任何一个考官都不希望在问你"是否有任何问题"的时候你回答"不"。你对于用人单位的提问代表了你对他们的了解程度和积极程度。

相关链接

除正常面试提问外，招聘活动存在着以下非常规的表达沟通测试。

即席发言测试。招聘者给应聘者一个题目，并提供有关的背景材料，让应聘者稍做准备后按题目要求进行发言。

与人谈话测试。通过应聘者与他人谈话的方式（接待来访者、电话交谈、拜访有关人士）来考察。

随意聊天测试。应聘者几乎感觉不到是在测试。招聘者通过轻松随便的聊天来考察应聘者的反应能力、知识、素养、品质等。

编组讨论测试。将应聘者编成一个或几个小组，要求应聘者讨论某些有争论的问题或实际经营中存在的某些具体困难。

（4）注意听者反应

在回答提问时，还应随时注意考官的反应。比如，侧耳倾听，可能自己音量过小，对方难以听清；皱眉摆头，可能自己说错或有不当之处；心不在焉，表示对自己目前讲的内容不感兴趣。回答时可根据这些反应，适时调整自己的内容及语言、语气、音量，随机应变。

7.4.3　面试问题回答思路

当你面对一个不容争辩的问题时，要尽量避免简短的答复，而要通过举例（不是一般化的陈述）来展开答案。如："你能使用计算机吗？"你可以这样回答："是的，而且我自己就拥有一台。我利用它来了解新闻，写博客，查阅资料。去年，我通过了全国计算机一级考试。"

对可以争论的问题，需要进行考虑后作答，要防止转化成为不容争辩的问题。如："可以谈谈你的志向是什么吗？"如果你回答："哈，我认为我没什么志向。"或者"五年之后，我希望能坐到你的位置上，并帮助你继续提升。"这两个回答都是愚蠢而且是糟糕的。较好的答复是："我要不断提高业务能力，在这个岗位上干几年之后，我就有能力担负更多的重任。如果时机成熟，我愿意做一名中层干部，而后成为公司的管理者。"

当面对假设性提问："如果……你将怎么办？"之类的句式时，你最好这样回答："在我回答这个问题之前，我想知道这种条件下的所有事实。而且，我还想告诉你，我曾经解决过的这类问题以及我的解决方法。"这种问答，可以始终处于熟悉的语言背景之下，使用你为面试而准备的材料。

相关链接

招聘者的提问一般分为两类：不容争辩的问题和可以争论的问题。

不容争辩的问题经常是用这些词开始的："你能……？""你干过……？""你是……？""哪一个……？""什么时候……？""谁……？"对这类问题应报以肯定或否定的回答。

可以争论的问题常常采用："为什么……？""告诉我关于……？""什么么……？""怎样……？""你认为……？""给我举几个例子……，如何？""给我解释一下……，行吗？"这类问题鼓励求职者在回答问题时进行发挥。

思考与训练

1. 求职前应做好哪些准备？
2. 收集用人单位的招聘信息，试着写一份个人简历和一封求职信。

3. 设计一份3分钟自我介绍，并在小组讨论时进行口头表述，请组内同学进行评点。
4. 面试答问似乎有些困难，那么有规律可循吗？
5. 技能训练题：

下面的问题是求职面试常会遇到的问题，请你逐一回答。

(1) 我为什么要招聘你？

(2) 为什么你想到这里来工作？

(3) 这个职位最吸引你的是什么？

(4) 你是否喜欢老板的职位？

(5) 你是否愿意去公司派你去的那个地方？

(6) 谁曾经给你最大的影响？

(7) 你对自己以前的学习怎么评价？

(8) 你将在这家公司呆多久？

(9) 你曾经取得的最大成就是什么？

(10) 你能提供一些参考证明吗？

(11) 从现在开始，未来的5年，你希望自己成为什么样的人？或者告诉我，你事业的目标是什么？

(12) 你有和这份工作相关的训练或品质吗？

(13) 如果我打电话给你现在的老师，让他推荐你，他会说什么？

(14) 你的同学怎样形容你？

(15) 你还有什么问题吗？

(16) 你怎样化解有关工作中的困难呢？

(17) 导致你成功的因素是什么？

(18) 你最低的薪金要求是多少？

第 8 章

领导沟通技巧

> ☞ **学习目标**
> □ 掌握了解上司的方法和技巧。
> □ 学会运用请示汇报与上司进行沟通。
> □ 掌握建言献策的技巧。

8.1　了解上司

领导沟通又叫上行沟通，是指下级向上级报告工作、陈述意见、提出问题和建议，甚至抱怨和批评的一种沟通方式，目的是下情上达。与领导沟通大多数与工作有关，建立并保持良好的上下级关系，对一个人在职场的成功与发展具有重要意义。因此，我们要学会运用领导沟通技巧，达到与领导的沟通目的。

8.1.1　了解上司的个性

对上司的沟通，最重要的是要培养默契，了解上司的性格，从而能以最简单的交流得到最可靠的信息。首先要了解自己上司的个性特点，注意上司的个性类型。如果上司豁达大度，这会带给自己一个轻松的工作氛围；如果上司关注细节，要有充分的思想准备接受他对自己工作细节上的质问与探讨；而面对思想活跃、重视整体的上司，要有面对突如其来的创意要求准备……了解上司的个性，是为了更好地适应上司，并非讨好上司或与上司作对。

根据美国 PDP 组织的研究与实践，以及全球 1600 万人次的使用案例，PDP 领导特质分析系统将领导者分为五大类型，并用 5 种动物来形容：老虎型、孔雀型、考拉型、猫头鹰型、变色龙型。不同类型的领导者也因此呈现出不同的领导风格。

（1）老虎型的领导者

充满自信、竞争心强、主动且企图心强烈，是个有决断力的领导者。一般而言，老虎型的人胸怀大志，勇于冒险，看问题能够直指核心，并对目标全力以赴。他们在领导风格及决策上，强调权威与果断，一切均以目标和实质性的成果为导向，擅长危机处理。

100个经典提示

69　老虎型的领导者最适合开创性与改革性的工作。

（2）孔雀型的领导者

人际关系能力极强，他们擅长口语表达，很会沟通激励、描绘愿景并带动气氛，是宣扬理念、塑造愿景的能手。他们喜欢跟别人互动，重视群体的归属感，属于透过人的关系发挥影响力。

> **100个经典提示**
>
> **70** 孔雀型的领导者善于交际，富同情心并乐于分享，具有鼓舞性和带动性。

(3) 考拉型的领导者

平易近人、敦厚可靠、强调和谐合作、避免冲突与不具批判性。在行为上表现出不慌不忙、冷静自持的态度。他们注重稳定与中长程规划，现实生活中，常会反思自省并以和谐为中心，即使面对困境，亦能泰然自若，从容应付。

> **100个经典提示**
>
> **71** 考拉型的领导者在决策上，他们需要较充足的时间做规划，意志坚定、步调稳健。

(4) 猫头鹰型的领导者

铁面无私、明察秋毫，即为猫头鹰族群的典型代表。他们给人的第一印象是稳重，行为中规中矩，很有责任感，行事条理分明，一切根据制度与规定，重视承诺与纪律，有完美主义的倾向，让人非常信赖。猫头鹰型的人重视达到目标的每一个过程之精确性，重视是非对错，在专业上追求精益求精，容易成为专业领域的专家。

> **100个经典提示**
>
> **72** 猫头鹰型的领导者分析力强、要求标准高、不能容忍错误且自律甚严。

(5) 变色龙型的领导者

适应力及弹性都相当强，对内擅长协调，对外擅长于整合资源，以合理化及中庸之道来待人处事。变色龙型的领导者会依组织目标及所处环境的任务需求，随时调整自己，因为他们往往没有预设立场，不走极端，柔软性高，言谈举止都很得体，是个称职的谈判斡旋高手，也是手腕圆融的外交人才。

> **100个经典提示**
>
> **73** 变色龙型的领导者善于随机应变，不论在企业开创期、过渡期或转型期，均非常需要此种人才参与。

8.1.2 了解上司的行事风格

由于文化背景、性格或其他因素的影响，每个上司的行事风格各不相同。比如，有的上司工作与休息分得很清楚，则尽量不在下班后或节假日与上司沟通公事；有的上司虽然开放而富有人情味，但对隐私看得很重，则切忌打听上司的隐私；有的上司属于拼命三郎，全身心都扑在工作上，则应绝对服从，并坚持工作第一；有的上司是典型的完美主义者，原则性极强，则要尽可能使自己的工作尽善尽美。

100个经典提示

74　对上司进行全面准确地了解，可以通过查阅相关资料、咨询办公室同事、参加企业会议等途径或渠道，但更重要的是自己平时用心观察，耐心地了解上司的方方面面。

8.1.3 了解上司对工作的要求

所有上司都希望自己的下属工作认真负责且有效率，但由于岗位的不同，对不同的岗位工作显然会有不同的要求。我们要清楚上司对自己工作的具体要求，比如，可能因为赶材料上报，需要员工加班加点等。只有了解上司对自己的工作要求，才能更好地完成工作任务并得到上司的认可。

与上司沟通，首先要学会尊重上司。也许在某些方面你比上司强，但也不能仗着自己的能力处处针对上司的弱点。其次要学会调整自己，适应上司。上司不会因为员工而改变自己，所以要想与上司融洽地相处，只有自身不断调整以适应不同的上司。

上司毕竟是自己工作上的领导，无论从人际交流的策略，还是工作关系的角度，作为员工在任何情况下都要把上司放在主角的位置，以维护上司的尊严和形象。当自己的工作取得成绩，首先要感谢上司的栽培；当上司出现失误或一时难以应付的情况，则应尽可能帮忙补救。

100个经典提示

75　能经常为上司设想考虑的人，必然能得到上司的赏识。

8.2 学会请示汇报

不管在哪个工作岗位上，作为称职的下级，就必须主动、及时地向上级请示汇报自己的工作，这是能让我们少走弯路、少犯错误的重要方法，也是与领导进行有效沟通的重要

第 8 章 领导沟通技巧

途径。

8.2.1 请示汇报的程序

（1）仔细聆听上司的命令

如果上司明确指示你去完成某项工作，那你一定要用最简洁、最有效的方式明白上司的意图和工作的重点。利用传统的 5W2H 的方法来快速纪录工作要点，弄清楚该命令的时间（When）、地点（Where）、执行者（Who）、为了什么目的（Why）、需要做什么工作（What）、怎么样去做（How）、需要多少工作量(How many)。

（2）与上司探讨目标的可行性

上司在下达了命令之后，往往会关注下属对该问题的解决方案，他希望下属能够对该问题有一个大致的思路，以便在宏观上把握工作的进展。所以，作为下属，在接受命令之后，应该积极开动脑筋，对即将负责的工作有一个初步的认识，告诉上司你的初步解决方案，尤其是对于可能在工作中出现的困难要有充分的认识，对于在自己能力范围之外的困难，应提请上司协调别的部门加以解决。

（3）拟定详细的工作计划

在明确工作目标并和上司就该工作的可行性进行讨论之后，你应该尽快拟定一份工作计划，再次交与上司审批。在该工作计划中，你应该详细阐述你的行动方案与步骤，尤其是对你的工作时间进度要给出明确的时间表，以便于上司进行监控。

（4）在工作进行之中随时向上司汇报

按照计划开展工作后，你应该留意自己工作的进度是否和计划书一致，无论是提前还是延迟了工期，你都应该及时向你的上司汇报，让上司知道你现在在干什么，取得了什么成效，并及时听取上司的意见和建议。

（5）在工作完成后及时总结汇报

完成了这项工作时，你应该及时将此次工作进行总结汇报，总结成功的经验和其中的不足之处，以便于在下一次的工作中改进提高。同时不要忘记在总结报告中提及上司的正确指导和下属的辛勤工作。

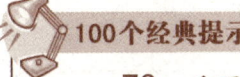

76　千万不要忽视请示与汇报的作用，因为它是你和上司进行沟通的主要渠道。

8.2.2　请示汇报的态度

（1）尊重而不吹捧

作为下属，我们一定要充分尊重上司，在各方面维护上司的权威，支持上司的工作，这也是下属的本分。首先，对上司工作上要支持、尊重和配合；其次，在生活上要关心；再次，在难题面前解围，有时上司处于矛盾的焦点上，下属要主动出面，勇于接触矛盾，承担责任，排忧解难。

（2）请示而不依赖

一般说来，作为项目主管在自己职权范围内大胆负责、创造性工作，是值得倡导的，也是为上司所欢迎的。下属不能事事请示，遇事没有主见，大小事不作主。这样上司也许会觉得你办事不力，顶不了事。该请示汇报的必须请示汇报，但决不要依赖、等待。

（3）主动而不越权

对工作要积极主动，敢于直言，善于提出自己的意见。不能唯唯诺诺，四平八稳。在处理同上司的关系上要克服两种错误认识：一是上司说啥是啥，好坏没有自己的责任；二是自恃高明，对上司的工作思路不研究，不落实，甚至另搞一套，阳奉阴违。当然，下属的积极主动、大胆负责是有条件的，要有利于维护上司的权威，维护团体内部的团结，在某些工作上不能擅自超越自己的职权。

（4）自信而不自负

我们应对自己的计划和建议充满信心，学会用自信去感染上司。但要做到自信而不自负，自谦而不自卑。

8.2.3　请示汇报的技巧

（1）明确目的，清楚陈述

口头请示汇报是一项经常性的沟通工作。所谓请示，是下级在工作中遇到问题，需要上司给予答复而向上司提出的请请；汇报是下级向上司所作的情况反映和报告。请示须在事前或工作进程中进行，待上司批准后执行；汇报通常在某项工作完成中和结束后进行，即"事前要请示，事后要汇报"。

77　汇报时确定需要汇报的重点事项，不要将所有的内容都滔滔不绝地讲出来。

第8章 领导沟通技巧

请示汇报前要明确请示或汇报的目的。对请示和汇报的问题，要事先酝酿打好腹稿，力求具体详细，条理清楚，言简意明。见到上司后，应先讲清是请示还是汇报。陈述分先后。请示和汇报表述的先后次序不一样。请示问题时，应先谈事由，然后再谈意见和建议；汇报情况时，应先讲事情的结果，然后再陈述事情发生的经过和处理过程。

> **相关链接**
>
> 　　主动汇报，就是汇报方根据需要主动向上司汇报工作，这种汇报的内容一般有两种：一是工作上的新思路、新想法，以求得上司的指导、肯定；二是工作上遇到了自己难以克服的困难或重大问题，需要向上司反映情况，以求得上司的指点和帮助。
> 　　被动汇报，就是上司指定要听你的汇报，汇报者应完全按照上司的要求进行汇报，包括汇报内容、汇报方式、汇报时间等，都必须"被动"地服从上司。这种汇报一般是汇报单位或本人在特定的时间内某一方面或几个方面工作的开展情况。汇报者作为检查、督导、验收、调查者汇报被检查、督导、验收、调查对象的工作开展情况或某一事物的来龙去脉。

根据请示汇报目的和上司的要求，陈述应找准切入点。请示汇报前最好列出提纲或形成文字材料。请示汇报时非特殊问题无须过多解释，特别是有时间限制时，更要严格把握，充分利用有效时间把该讲的内容都讲出来，尽量做到每句话都有分量，繁简适度，表达得体，让人听后有一种新鲜感和透亮感。

（2）认真记录，实事求是

向上司请示或汇报工作时，要随身带着笔和笔记本，对上司的指示或要求，要仔细听认真记，以便及时准确地抓好落实。具体内容最好再简明扼要地向上司复述一遍，以防止出现差错。

向上司请示汇报工作，无论怎么切入，怎么加工润色，都必须本着认真负责的态度和实事求是的精神，一定要把请示汇报工作建立在事实清楚的基础之上，决不能凭主观想象随意编造，更不能弄虚作假欺骗上司。

> **相关链接**
>
> 　　请示汇报注意事项：
> 　　（1）不能拖而缓报。对大事、要事、急事要及时请示汇报，需要上司了解和掌握的一般性工作，也要及时请示汇报，不能拖拖拉拉，更不能漏事、误事、错事。
> 　　（2）不能越级行事。对需要请示和汇报的问题，不能越级行事。部门上司不在时，

> 要想方设法联系，得到许可后，再逐级请示汇报。
>
> （3）不能多变请示。所谓多变请示，就是一件事情请示一位上司不同意后，又去请示另一位上司。这样做极易造成上司之间的误解和矛盾。
>
> （4）不能有头无尾。请示工作要做到有头有腰有尾。所谓有头，就是上司答复；有腰就是工作落实的全程；有尾，就是结果和回音。一项大的任务和重点工作结束后，要将完成情况逐级汇报，以便上司掌握工作落实情况。
>
> （3）领会意图，原声传达。

领会意图就是要完整正确地理解、领会上司在布置工作、下达任务、发出指令时的本意或精神实质，希望达到某种目的或标准。如果对上司的意图理解不透，把握不准，体现不好，就很难按照上司的要求完成工作任务。

领会意图一是从主动询问中掌握，二是从平时言谈中捕捉，三是从日常行为中发掘，四是从阅文批示中揣摩，五是从综合分析中领悟。我们应充分发挥自己的聪明才智，并根据时间的发展、主客观条件的变化，使上司意图不断得到丰富和完善。

在请示汇报后，要按上司的意图做好上下左右内外的沟通。沟通过程中，对"上情"和"下情"都要做到原声传达，真实客观，排除主观意识、利益冲突、个人情感几方面的干扰。只有这样，才能为上司提供有效决策依据，也为上司节约了大量的时间，提高了工作效率。

8.3 善于建言献策

一个优秀的员工不仅表现为对上司的言听计从，努力完成上司交办的各项任务，而且表现为给上司出主意、想办法，善于建言献策。

建言献策是陈述主张或意见，即通过口头或文章向上级部门或上司提出有益的意见，出谋划策，进献计策。建言献策可以是大的方针政策性的建议，也可以是具体一件事。具有社会效益性、改革性、影响性的建议案。

8.3.1 选择恰当时机

向上司提议要选择恰当的时机，方能取得最佳的效果。要善于察言观色，体察上司心态，切不可心急火燎，不分时间、地点、场合、环境就提意见建议。一般来说，应选择上司时间充分、心情愉快之时，或者在上司遇到重大难题或陷入困境时，可以起到立竿见影的效果。反之，如果选择上司心情郁闷、工作繁忙、情绪急躁的时候谈问题、提建议，效果往往不理想，甚至引发上司的"无名之火"。

相关链接

建言献策要适事、适时、适度。

适事——"事"指的是紧紧的、重要的、上司需要知道的事；发生错误需要纠正、补救的事；经反复思考确认合理的事。

适时——"时"指的是面对重大紧急事项，上司急需对策时，应快速提出执行措施；任务转化、变更时，要有预见性和参与意识；一般的事，待上司心情好时再说。

适度——"度"指的是显而易见的事，点到为止；上司一时接受不了的事，过段时间再提。讲上司最关心、最喜欢听的；不讲上司不感兴趣、不喜欢听的。

8.3.2 正面阐发观点

向上司提出意见建议时，要注意多从正面去阐述自己的观点，少从反面去否定和批驳上司的意见，有时要通过迂回变通的办法有意回避与上司的意见产生正面冲突。许多时候要做好引导工作，让自己的想法变成上司的想法，由你提供的资料所蕴涵着的结论，留给上司去定夺。

对改进工作的建议，事先要做好准备。如果只凭嘴巴讲，没有太大的说服力。因此，事先要收集整理好相关信息和数据，或典型事例，增强说服力。同时，说话要简明扼要，对于上司最关心的问题要突出重点、言简意赅，避免东拉西扯，分散上司的注意力。

向上司提出建议时，还要学会提供几个方案给上司选择，将各种方案的优缺点陈述充分、透彻，让上司就问题做出最后的决策，从而发挥作为上司应起的作用。

100个经典提示

78　面对一个问题时提出几种可行方案，能促使自己全面、深入地思考问题。

8.3.3 建言献策技巧

（1）出以公心

出以公心，是指建言献策的出发点。也就是说，我们的建议一定要从组织利益乃至整个国家的利益出发，而不是为了表现自己，轻率地提出建议，更不是贪图个人利益或其他目的而献"奸言"。因此,任何一项建议都要认真调研,谨慎对待,三思而后行。只有这样,建议才有较高的成功率,才能确保与上司沟通顺利。

(2) 面带微笑

与人沟通时,有声语言和身体语言所传达的信息各占50%,一个人若是对自己的意见和建议充满信心,那么他无论面对的是谁,都会表情自然;反之,如果对自己的提议缺乏必要的信心,也会在言谈举止上有所流露。因此,在向上司建言献策时,要面带微笑,学会用自信的微笑感染上司。

(3) 尊重上司

虽然每一个上司都不是完美的,但也应记住,给上司提意见建议时,要让上司心悦诚服地接纳你的观点,首先要尊重上司,注意维护其尊严,把握好说话的分寸,不要逼上司当场表态,避免公开场合提意见。要在尊重的氛围里,有礼有节有分寸地磨合,即使上司不愿采纳你的意见建议,也应感谢上司的聆听,同时让上司感觉到你工作的主动性和积极性。

100个经典提示

79 不要当众说上司错了,这会导致上司的自尊心受到威胁。

(4) 讲究语言艺术

与人沟通,尤其是建言献策时,要讲究语言艺术。

首先应做到言辞恳切,感情真挚,用言语充分表达出自己的真诚,从而让对方真正从心灵深处接纳你,那么上司才会乐意听并认真听你的意见建议,否则沟通则无法继续。

其次,在向上司提意见建议时,要善于运用条件句与选择句。换句话说,应多用征询的口吻,把自己放在一个请教上司问题的位置,或以问句开头,或以问句结尾。选择条件句与选择句的优势是将主动权交给上司,随时给上司改变决策"留面子""下台阶"。

此外,要采取"先肯定,后否定"的方法,在肯定上司功绩的前提下,提出问题和改进建议,往往能变"逆耳"为"顺耳"。

思考与训练

1. 为什么说员工与上司的沟通非常重要?
2. 为什么说秘书向上司请示汇报很重要?向上司请示汇报应注意些什么?

3. 当请示汇报后，面对上司的指示或要求，我们应清楚了解哪些关键问题？

4. 如果你的建议非但没有得到上司的肯定，还反遭到上司的训斥该怎么办？

5. 技能训练题：

2人一组，其中一人扮演学校校长或班主任，也可以是某一专业课教师。2人首先列出目前学校、班级或某一门专业课存在哪些问题或不足，然后2人轮流与对方（学校校长、班主任、专业课教师）沟通，提出意见和改进建议。

第 9 章

同事沟通技巧

> **学习目标**
> - 掌握与同事相处的技巧。
> - 掌握协调同事关系的方法。
> - 了解不同风格人群的分类及沟通方法。

第 9 章 同事沟通技巧

9.1 与同事真诚相处

同事沟通又称平行沟通或横向沟通,是指发生在同一办公室或同一部门同事之间的一种沟通方式。与同事沟通是任何组织成员不可回避的。由于同事沟通大多是发生在工作的交流上,交流的效率更高。同事沟通对于加强组织凝聚力有很大的帮助。

同事沟通可以采取正式或非正式沟通的形式。这种沟通方式能简化办事程序,提高工作效率;有助于促进组织各个部门之间相互了解,培养整体观念和合作精神;可以增强员工之间的互谅互让,培养员工之间的友谊,改善工作态度。

9.1.1 真诚相处,明确责权

与同事相处,真诚是最重要的。在要求得到平级同事配合工作时,不可以带丝毫的指令。要从自己尊重对方做起,处处施以真诚相处的原则。真诚对人、真诚工作,积极建立自己的沟通信用。当同事获得成绩时,要真诚道贺;当同事遇到困难时,要真诚帮助,绝不能落井下石;当同事无意间冒犯你时,要宽容地原谅他。时刻记住,我们白天的大部分时间都和同事在一起,能否从中获得快乐与满足,与你经常相处的同事和谐与否关系很大。我们还应该了解,在同事间的交往中,每个人都希望能得到别人的肯定性评价,都在自觉不自觉地维护自己的形象和尊严,如果有人向他过分地显示出高人一等的优越感,那么无形之中是对他自尊的一种挑战与轻视,同时会使他产生排斥心理。

100个经典提示

80 与同事相处,要"多琢磨事,少琢磨人"。

同事沟通出现问题的一个主要原因是部门间的职责、权力范围不明确,导致有好事大家争,有责任互相推。所以,明确责权非常重要。这就需要各部门能准确描述本部门的工作性质、工作范围、工作责任,在与其他部门沟通中,及时发现管理空白地段,在上级的协调中,填补空白。各部门都要有服务意识,即我为下一个工作环节服务。只有这样,才能为企业共同的终端服务对象提供优质的产品和服务。

案例

海尔公司员工画过这样一张漫画,题为:市场是每个人的上级,画的是一个双面人员工,他的一面严肃地对上一个工作环节说:"绝不接收带缺陷的产品",另一面则很谦恭地征求下一个工作环节的意见:"你满意吗?"

129

9.1.2 尊重同事，互帮互助

在社会生活和工作中，要沟通处理好复杂的同事关系，必须要懂得尊重他人，互帮互助。孟子讲，"爱人者，人恒爱之；敬人者，人恒敬之"。凡是受欢迎的同事，都是尊重他人之人。即尊重他人的人格、尊重他人的工作。不随意贬损别人，不随意支使别人，不嫉妒他人的成绩。即使你确信自己比其他同事更有知识、更有能力，也不可太张扬，而要尊重其他人的意见。在上司组织的会议上，要对不同的意见持包容的态度，让他人充分地表达意见，不要随意打断或表现出不耐烦。这样的同事，才是受他人尊重的同事。

尊重同事，首先要尊重同事的工作、好恶、爱好和隐私。不干扰同事的工作，不打听同事的事务，不背后议论同事的长短，自觉保守同事的秘密。当同事取得成绩，要第一时间表示祝贺；当同事遇到困难，要尽量帮助解决。

尊重同事，重要的是以诚相待。同事之间交往没有高低贵贱之分，没有学历职务之别，没有生疏熟悉之差，没有男女性别之异。秘书与同事交往时应光明磊落，一视同仁，切忌厚此薄彼，倚老卖老。

尊重同事，还要重视同事的感受。虽然同事在一个办公室或部门工作，但彼此既是合作关系，又存在不同的分工，其工作难度不一，情况也不同，因此不能以自己的工作标准来衡量同事工作的标准。

案例

有这样一个故事：一个小男孩因母亲批评他而一时对母亲产生了怨恨。然后，他跑出房屋，走到山边，对山谷喊道："我恨你，我恨你，我恨你。"从山谷里传来回音："我恨你，我恨你，我恨你。"这个小孩有点吃惊，他跑回屋里对他母亲说，山谷里有一个坏小孩说他恨我。母亲把他带回山边，并要他喊："我爱你，我爱你，我爱你。"这位小孩照母亲说的做了，而这次他发现，有一个好小孩在山谷里说："我爱你，我爱你，我爱你。"声音悦耳，听了让人高兴。

人和人交往就像是一种回声，你付出什么就会得到什么。

9.1.3 关心同事，团结同事

某种意义上说，办公室或部门更像"第二家庭"，因此要像对待自己家庭的成员那样，关心自己的同事。世界上没有缺点的人是找不到的，同样，没有优点的人也是不存在的。况且优点和缺点往往是相对的，比如，过于神经质而斤斤计较的人，换一种角度也可以说是能够注意到细小的地方而比较细心的人；马马虎虎、粗心大意的人，换一种角度也可以说是不拘小节而心胸宽广的人。由于着眼点的不同，有时缺点可以变成优点。

> **100个经典提示**
>
> 81　关心同事，要多赞许，少嫉妒；多协商，少争辩；多看同事的长处，少看同事的缺陷。

与同事和睦相处，就必须团结同事。一方面要通过你的努力，使你的周围出现一种相互关心、相互爱护、相互帮助的良好氛围；另一方面要多剖析自己，善于批评与自我批评，正确对待同事的赞扬、批评乃至妒忌。如果一个办公室或部门你争我夺、勾心斗角，就会把整个办公室或部门搞垮，导致整个团队成员的成长进步受到影响。

9.2　协调同事关系的技巧

在一个企业中，要使每一个部门、每一个员工能够在一个共同目标下，协调一致地努力工作，就需要同事间开展合作。可见，协调好同事之间的关系非常重要。

要协调好同事间的关系，要注重平时积累，平时就要与不同职能部门的同事多接触，建立友好的合作关系，特别要注意平等对待不同职能部门的同事，不厚此薄彼，关键时刻才能得到同事的积极配合与支持。

9.2.1　适应对方，接受对方

与同事相处，不要试图去改变对方，而是要想办法去适应对方，如果自己不能积极主动地努力适应对方的性格特点，工作就不可能顺利进行。

比尔·盖茨认为，在人际关系上经常出问题的人中，多数人都是放弃了这样的努力：没能积极主动地去适应别人的性格特点。自己不做出让步，去努力适应别人，却一味地批评别人，就不可能与别人建立良好的人际关系。与合得来的人能建立起良好的人际关系，谁都能做到。可是，如果是性格合不来的或自己讨厌的人，也应该努力适应他们，并和他们建立起良好的人际关系。

要认清对方的特点，然后采取适宜的交往法则。比如，对于心思比较细，重视礼节的人，若采取无所顾忌的粗鲁的方法，那你们之间就不可能建立起和谐融洽的关系。相反，对于不拘小节的人，过于小心谨慎地应对，对方会很厌烦，自然也不会建立起良好的人际关系。

相关链接

比尔·盖茨列举的几种不损害人际关系的秘诀：

（1）要知道"棘手"和"讨厌"是不同的。当觉得对方不好应付、很棘手时，不要让这个阶段迅速发展成个人感情的好恶阶段，这是非常重要的。因为一旦发展到讨厌的阶段，要想变为喜欢是相当难的。

（2）要与合不来的人多沟通、多交流。无论是谁，都是从觉得与对方合不来的一瞬间开始，进而不知不觉回避与对方交往的。这样彼此之间的关系永远也得不到好转。越是觉得与对方合不来，就越需要增加与对方交流沟通的次数，越需要主动了解对方。掌握了对方的性格与个性，才能得以消除误会和偏见，进而才会相互信任和理解，达到消除隔阂的目的。

（3）改变着眼点能发现别人的优点和长处。有很多人在心里认为："好极了！""真棒！""真漂亮！"但不善于说出口，也许是认为"即使不说，他也能领会吧"。但现实生活中，如果不说别人就不知道的事情有很多。无论你在心里怎么想，只要没用言语表达出来，自己的心情就永远也不会传达给对方。

（4）优点和缺点往往是相对的。也许有些人不能很好地看到别人的优点和长处，相反却总看到别人的缺点和短处！这样的人即使勉强说一些赞扬别人的话，也很可能会引起别人的不高兴。

在与同事交往过程中，要宽以待人、接受别人。要树立健康的人生观，自觉地将自己和他人、集体结合起来，走出自己的小天地；恰当地评价自己，既不低估也不高估，既不妄自菲薄，也不妄自尊大；接受对方的全部，让人们觉得和你在一起最安全、最轻松自在，人们便会主动接近你。

9.2.2 欣赏对方，赞美对方

与同事沟通离不开学会欣赏对方。任何一个人都会有优点和长处，一般情况下，每个人都会感激欣赏自己的人，并把他当成难得的知音。因为得到他人的赏识，往往是促使人努力奋进的动力。关注和欣赏，会促使人迸发出意想不到的创造力，真诚地欣赏你周围的每一个人，你就会发现，欣赏让你的生活更加美好。

当然，欣赏别人，并非廉价的吹捧、无原则的夸奖，也不是投其所好的精神按摩，更不是卑躬屈膝的精神行贿。要欣赏别人，必须要发现别人的长处，用心去体会，发出由衷的赞美。

100个经典提示

82　只有欣赏对方，同事之间才会多一份融洽，少一分隔阂。

适当的赞美是促进人际关系和谐的润滑剂，同事沟通同样离不开赞美。在一个人的人生道路上，有无数让他们引以为自豪的事情。真诚地赞美这些事情，可以使你更好地与人相处，可以使他人感到幸福。比如，对于一位教师，最希望别人称赞他教过的学生；对于一位母亲，可以称赞她很有出息的孩子；对于一位老人，可以赞颂他一生事业的成功之处……

赞美要真诚，这是赞美的先决条件，只有名副其实、发自内心的赞美，才能显示出它的魅力；赞美要适时，在沟通中认真把握时机、恰到好处的赞美十分重要；赞美要适度，在对别人进行赞美的时候要实事求是，不能把对别人的赞美夸大化。

相关链接

（1）赞美要得体，不可过于夸张，不能落入俗套，切忌盲目模仿，不要说外行话。

（2）赞美要多观察，不要犯忌讳。俗话说，癞犁头怕说光，麻子脸忌说雨。每个人都有自己的忌讳，人人都讨厌别人冲撞自己。

（3）赞美别陷入阿谀奉承，做人要"日行一善"。在日常交际中，要多一些真心诚意的赞美。

9.2.3　求同存异，化解矛盾

同事之间由于人生阅历、个性气质、兴趣爱好、学识修养等的差别，个人对一些问题的观点和看法自然也不相同，个人与同事之间难免也会产生矛盾和摩擦。当与同事有意见分歧时，不要过分争论，客观上，人接受新观点需要一个过程，主观上往往还伴有"好面子""好争强斗胜"心理，彼此之间谁也难服谁，此时如果过分争论，就容易激化矛盾而影响团结。因此，面对问题，特别是在发生分歧时要努力寻找共同点，争取求大同而存小异，做到大事讲原则，小事讲风格，注意避免纷争，不让矛盾扩大。实在不能一致时，不妨冷处理，让争论淡化，又不失自己的立场。

要协调好同事关系，还要善于沟通化解矛盾。同事之间由于工作上的原因及不同的个性，免不了会有磕磕碰碰，乃至出现各种各样的矛盾。有矛盾并不可怕，关键是要弄清产生矛盾的原因，以便及时进行沟通，化解矛盾。

同事之间产生矛盾的原因是多方面的,一般来说,可以分为两大类,即个性上的和工作上的。现代社会是多元社会,每个人的观念和生活方式不尽相同,不同个性之间难以融合,对一些问题的看法不可能一致,这就很容易产生矛盾。工作中毕竟存在利益关系,也有不同的标准和期望,妒忌与误会时有发生,处理不当都会留下矛盾隐患。

与同事发生矛盾,最好的方法就是换位思考,多从自身找原因,站在对方的立场或角度思考问题,找到并理解对方如此这般的深层原因,避免矛盾激化。

相关链接

沟通箴言

把别人当成自己——与人交往,遇事设身处地为别人着想,这事碰到自己头上,我会怎样想,该怎么办?对别人多点同情心,多给点帮助。

把自己当成别人——受到挫折、屈辱时,便能置身事外,不快自然减轻;功成名就、取得成绩时,也不至于得意忘形,让胜利冲昏头脑。

把别人当成别人——做人不自以为是,要学会尊重别人,任何时候都不应怠慢别人,不能强求别人怎样做,怎样做是别人的自由,你无权干涉。

把自己当成自己——任何人都有自己的独立性、个性,你就是你不是别人,有问题就得承担起自己的责任。

9.3　不同风格人群的分类及沟通方法

在工作和生活中,我们会遇到形形色色的人,每一个人在沟通中的表现都不会完全一样。只有了解各自不同的特点,才能用不同的方法与其沟通,来获得更好的沟通效果。我们可以按照一个人在沟通过程中情感流露的多少,沟通中决策速度的快慢,把人际交往人群分为分析型、和蔼型、表达型、支配型四种类型。

100个经典提示

83　见什么人说什么话是沟通成功的一个法宝。

9.3.1　分析型人的特征和与其沟通的技巧

分析型人的特征——一般在决策过程中不果断,感情流露不明显,问了许多细节仍做不了决定的人。分析型人具有严肃认真、有条不紊、语调单一、动作较慢、注意细节、有计划有步骤、喜欢有较大的个人空间等特征。

与分析型人的沟通的技巧——当我们在工作生活中遇到分析型人时，沟通中要注重细节，要遵守时间，与他交谈时可以边说边做好记录，让他觉得你也是一位做事认真的人。和分析型人沟通不需要有太多的眼神交流，还要避免有太多的身体接触。因为这一类型的人看重个人空间，强调安全。所以，你不能身体前倾而应略微后仰地与其交流，这样将会收到较好的沟通效果。

100个经典提示

84 分析型人喜欢对方使用专业术语，与其沟通尽量使用图表和用数据说明问题。

9.3.2 和蔼型人的特征和与其沟通的技巧

和蔼型人的特征——当你遇到一个总是微笑地看着你，说话较慢，温情脉脉，果断性较差的人，就可以将他归类到和蔼型人了。这类人具有合作、耐心、友好、轻松、表情和蔼可亲、说话慢条斯理等特征。

与和蔼型人的沟通技巧——和蔼型的人看重的是双方良好的关系，他们不看重结果，所以与他们建立良好的关系很重要。与他们沟通时，还应该保持微笑，以微笑的姿态与其沟通，能使双方更加亲近。还要注意常与之进行目光交流，说话不能太快，可保持一定的语速。

100个经典提示

85 和蔼型人的喜怒哀乐比较容易流露，沟通时别忘了察言观色。

9.3.3 表达型人的特征和与其沟通的技巧

表达型人的特征——表达型的人感情比较外露，做事非常果断、直接，为人热情，说话时动作较多，而且比较夸张。这种类型的人外向合群，并且幽默活泼，但不注重细节，甚至有些健忘。一般这种类型的人都比较容易相处。

与表达型人的沟通技巧——根据表达型人的特征，我们与其沟通时，应该提高说话的声调，和他一样充满热情，活泼有力；和他一样说话时不呆板，配合一些动作，直接陈述自己的观点，在对方出现一些动作时关注他的动作，他会因此而受到鼓励；表达型人有"只见森林不见树木"的特点，我们也可从宏观的角度与其沟通："你认为这件事总体上怎么样？"

> **100个经典提示**
>
> 86　由于表达型人不注重细节，所以当你与其达成协议后，最好写一份书面的东西，可以起到提醒的作用。

9.3.4　支配型人的特征和与其沟通的技巧

支配型人的特征——支配型的人喜欢指挥别人、命令别人，感情不外露，但做事非常果断。一般大家都认为这种类型的人比较有能力，说话快且有说服力，做事强调效率，讲究计划。虽然支配型的人面部表情比较少，但他们却乐意与人交往。

与支配型人的沟通技巧——与其沟通时，应该表现出对他的尊重。如说话时身体向前倾，表示重视他的意见，要有比较强的目光接触。支配型人强调效率，回答他的提问要非常准确、直接。说话要声音洪亮，如果声音细小，会让对方觉得你是一个没有自信的人，这样就会影响你与他的沟通效果了。

> **100个经典提示**
>
> 87　和支配型人沟通无需太多的寒暄，可直接说明你的意图，或直接告诉他你的目的，要节省时间。

思考与训练

1. 你怎么理解"与同事相处，要'多琢磨事，少琢磨人'"？
2. 怎样与令人讨厌的同学相处？
3. 如何理解"冤家宜解不宜结""退一步海阔天空""得饶人处且饶人"？
4. 如果你的同事是一个分析型的人，你将如何与其沟通？
5. 技能训练题：

任何组织都希望员工有归属感，任何员工都希望自己被组织肯定和认可，因此团队精神很重要。请尝试做"把爱传递下去"的活动。面对同学，真诚地对他们说一句"我喜欢你""我感谢你""我庆幸有你这样的好同学"。说话时，要求双方面带微笑，注视对方，用心交流。

注意：该训练贵在真诚，请真诚地说，真诚地去体会、去感受。共同努力、共同创造和谐的生活、学习、工作空间。

第 10 章

客户沟通技巧

☞ **学习目标**

☐ 学会建立并维护客户关系。
☐ 掌握介绍产品的技巧。
☐ 了解处理客户投诉的具体要求。

10.1 建立并维护客户关系

客户沟通是外部沟通的重要内容之一。客户是企业服务的对象，无论你在组织的哪个部门、身任何职，都可以通过沟通更好地了解客户，为公司创造更大的价值。因此我们应加强与客户的有效沟通。建立并维护客户关系，了解客户的基本需求；向客户介绍产品，将自己对产品的积极态度传递给客户；正确处理客户投诉，与客户建立起一种较为融洽的客户关系，提升客户的忠诚度。

10.1.1 了解客户信息

要与客户有效沟通首先就要了解客户。如果对客户的姓名、联系方式、具体地址、潜在需求，特别是个人好恶等信息有了详细的了解，在沟通中才会有更多共同的话题。

> **100个经典提示**
>
> 88 只有从多层次、多角度、多侧面去了解客户，掌握必要的信息，才能减少沟通中的阻力，确保沟通的顺利进行。

了解客户的方法主要有：

察言观色法——即与新客户第一次接触时，要善于当好"看众"与"听众"。通过对方的言语和表情来分析其性格特点，在以后的交往中就可以采用恰当的方式与其沟通交流。

弦外之音法——即通过打听了解的方式去了解客户。如通过该客户的朋友侧面了解其性格与特点，以及其经营状况等，以便针对其实际情况，给予其必要的服务与帮助。

身临其境法——即与客户在长期的交往中，相互之间形成良好的印象，从而结下深厚的友谊。交朋友需要长期的相处，才能"日久生情"。

10.1.2 发现客户需求

沟通成功的要诀在于对客户需求、期望和态度的充分了解，以及把对客户的关怀纳入到自己的工作和生活当中。客户总是有两组需求，一组是能明确说出的，称之为"有声的需求"；另一组是没有说出来的，称之为"沉默的需求"。通常，有声的需求是在任何一个行业中大多数企业试图满足的需求，了解这种需求并不困难。较为困难的是识别客户沉默的需求。事实上，无论是在市场内还是市场外，客户都在不断地表达着他们的需求。因此，只有加强与客户的沟通，时刻保持对客户的关注，才能真正做到发现客户需求。

发现客户需求的方法主要有：

提问——要了解客户的需求，提问题是最直接、最简便有效的方式。通过提问可以准确而有效地了解到客户的真正需求，为客户提供他们所需要的服务；

倾听——在与客户进行沟通时，必须认真倾听客户的谈话，理解对方所说的内容，了解对方在想些什么，对方的需要是什么，以便为客户提供满意的服务；

观察——在与客户沟通的过程中，可以通过观察客户的非语言行为了解其需要、欲望、观点和想法。

10.1.3 维护客户关系

关注客户必须维护好客户关系。与客户的感情交流是维系客户关系的重要方式，日常的拜访，节日的真诚问候，婚庆喜事、过生日时的一句真诚祝福、一束鲜花，都会使客户深为感动。由于客户更愿意与他们类似的人交往，他们希望与企业的关系超过简单的售买关系，因此，做好与客户的及时沟通，需要建立健全客户档案，以便快速地和每一个客户建立良好的互动关系，为客户提供个性化的服务，使客户在购买过程中获得产品以外的良好心理体验。

> **100个经典提示**
>
> 89　据资料显示，在当今市场，争取一个新客户的成本是保留一个老客户成本的 5 倍；企业客户流失率降低 5%，其利润就能增加 25%～85%。

维护客户关系的主要方式有：

电话——与客户沟通最主要的工具。

电子邮件、微信、QQ——可以与客户保持密切的联系，如节日问候、新产品介绍、征求客户意见、发送企业内刊等。

短信——也是一个与客户保持长期接触的方式，但必须慎用产品和服务介绍。

信件、明信片——传统的手写信件、明信片，可以给客户与众不同的感觉。

邮寄礼品——节日来临之时，在条件允许的情况下，给客户邮寄些实用性的小礼品，这是实施情感沟通的必要环节。

客户联谊——定期举办各种主题的客户联谊活动，进一步增强客户关系。

10.1.4 把握沟通技巧

与客户进行沟通要注意找准时机,一是不要在客户忙碌时进行沟通,如最好错过刚上班或者下班以前;二是不要在客户情绪不佳时进行沟通;三是不要打扰客户与亲人相处的时间,如晚饭之后最好不要打扰客户。必须懂得寻找容易与客户互动沟通的时间、地点,而不是自己认为最方便的时间和地点。如果可以的话,最好事先与客户共同商量。

在与客户交流的过程中,要避免使用负面语言及专业术语。你的不慎言行甚至是不雅的口头禅,都有可能降低客户对你的好感。如果你使用了一些负面的词汇或词组,不仅会引起客户的反感,甚至会找来客户的投诉。客户不想听你唠叨你能为他做什么,他们想知道的是你如何能满足他们的需求或预期值。同样,一个最简单的常识就是,用客户听得懂的语言与客户进行沟通。与客户进行沟通时,如果一味的卖弄专业术语,用客户听不懂的语言与客户交流,客户就理解不了必要的信息,便会产生沟通障碍。

在与客户沟通时,善于应用听、说、问的技巧。"听"是了解客户经历和需求的重要手段,也是尊重客户的重要表现,一个不会"听"客户说话的人,不可能成为一个优秀的秘书。倾听的基本要求是集中注意力,用心去听,永远不要有意打断客户。"说"要把握好语气、语音、语调,不同的语气、语调会给客户不同的感受。讲话时要简洁、文雅,切忌啰嗦和粗言俗语,要多使用敬语。我们的服务经验是否丰富,关键在于提问的质量。一般在刚与客户接触时先提开放式问题,紧接着转为封闭式问题,如果连续的几个封闭性问题都遭到客户否认,则立刻再转入开放式问题。同时,在与客户沟通时,要注意客户的隐私和敏感问题,否则会引起客户的反感。

客户沟通"七"不问:一不问年龄;二不问婚姻;三不问收入;四不问住址;五不问经历;六不问信仰;七不问身体。

10.1.5 针对不同客户采用不同的沟通方法

不同的客户,受其文化价值观、性别、年龄等诸多因素的影响,有其自身的特点。比如老年客户怕寂寞,喜欢有人和他们聊天;男性客户自尊心强、怕麻烦,力求方便;女性客户喜欢依赖丰富的想象力去寻求生活上的突破,常常口是心非,对喜欢的东西很难彻底舍弃;沉默型客户拙于"交谈",怕张嘴,以"说话"以外的形体动作来表达心意。面对客户各自特点，只有扬长避短，采用针对性的策略，才能与各类型客户有效地沟通。

相关链接

客户的五种类型及沟通方法

客户类型	特点	沟通方法
矫揉造作型	自尊心、虚荣心强，喜欢不懂装懂	不要指责其讲话中的问题，应因势利导，保持良好的气氛
吹毛求疵型	妄自尊大，善于诡辩	不与其争辩，表示接受他的建议
讨价还价型	善于讨价还价	讲究技巧，留有余地，态度坚定
满腹牢骚型	怀有强烈的不满情绪	充分理解对方心情，尽量帮助解决问题
豪爽干脆型	办事干脆利落，性格开朗豪爽，易感情用事，缺乏耐心	尊重对方意愿，谈话开门见山，简明扼要

10.2 向客户介绍产品

向客户介绍产品，是与客户沟通中最重要的环节，通过产品论述，让客户对产品及自己有所了解，有助于建立和维护客户关系。

10.2.1 了解产品和客户需求

在介绍产品前，我们要对所介绍的产品做全面、深入、细致的了解，能够准确地阐述这个产品的性能、结构、特点、使用方法，与其他同类产品相比的优势。最好还能从细节上多了解一些该产品易发生的问题点，以及各种可能或实用的解决方法。

介绍产品之前，还应掌握该产品能满足客户的什么需要，只有你的产品能够满足客户的需求，客户才会对产品产生兴趣。因此，沟通的重点不是产品或服务能做什么，而是产品或服务能满足客户的什么需求或解决客户的什么问题。

案例

有一个企业，为了招聘优秀业务人员，给应征者一个测试，请他们将"梳子"卖到庙里给和尚，大部分的人听了，就先入为主地认为"和尚不用梳子，这怎么可能！"结果都放弃了。

后来有三个人成功了，第一个人卖了1只，第二个人卖了10只，但第三个人却卖了1000只，而且还可持续订购。

第一个人迫于压力,以苦肉计激发和尚的慈悲心,是求来的。

第二个人引发"善男信女要礼佛前,需先梳理头发仪容"的需求。

第三个人刺激出"提供前来上香的人一种开过光的纪念品"为由,引来持续性的需求。

10.2.2 介绍产品信息

每一位客户在决定购买之前,都会问一个重要的问题:"它对我有什么好处?"客户买的不只是产品,而是产品带来的利益。如果你是卖衣服的,你的介绍应该是个人的外型;如果你是卖人寿保险,你卖得是亲人的保障;如果你是卖家庭用品,你卖得是解决日常烦闷的事务;如果你是卖书,你卖得是知识的价值;如果你是卖汽车,你是在卖路上的喜悦和安全感;如果你卖冷气设备,你卖得是舒适和干净的空气。因此,介绍产品的特点,一定是要能够满足客户需求,否则再好的特色和特点也不会引起客户的兴趣。

介绍完产品信息后,还应了解和确认客户的反应,客户是否对所介绍的产品或服务能够解决他的问题或满足他的需要抱有信心。如果没有反应,可以使用封闭式的问题提问,进而了解客户对产品或服务的看法。

相关链接

客户反应表现:

语言讯号	肢体语言讯号
(1) 问到产品价格	(1) 摸下巴
(2) 显得不愿离去	(2) 紧握产品或资料
(3) 计算数字	(3) 点头、面露微笑
(4) 同你套关系	(4) 凝视商
(5) 和朋友讨论	(5) 触摸商品
(6) 询问合约内容	(6) 比较商品
(7) 问到细节问题	
(8) 问到订购与付款方式	
(9) 探问谁用过此产品	

10.2.3 注意沟通技巧

介绍产品一定要使用客户听得懂的语言，只有通俗易懂的语言最容易被大众所接受。因此，在向客户介绍产品时，要多使用通俗化的语句，避免使用省略语，表达直截了当，介绍尽量简洁明了。任何产品都有自己有趣的故事或话题，比如，设计思路、发明过程、生产细节、科技含量、名人使用效果等，介绍中可以用讲故事的方式传递给客户。

介绍产品要尽可能清楚、简要地表达，切勿东拉西扯，没有中心。说产品特征，介绍的"是什么"，针对的是客户需要什么产品；介绍产品功能，讲清该产品能做什么；介绍产品用途，表明该产品可以满足客户的什么需求。即使要对产品进行详细的描述，也要尽可能地扼要和准确。

介绍产品时，最好运用视觉手段，更清楚明了地展示产品。"视"即看到的所有一切，指的就是要"看到"并且"停留"，注意力是关键；"觉"即感受和想到的，其关键是唤醒记忆点，唤醒的同时还要让客户记住。所以，介绍的产品要通过视觉手段，才能引起客户的注意。

产品介绍辅助工具有：

样品；笔记本及投影仪；公司宣传画册和产品图片；易拉宝便携展具；相关证件（质量证书、获奖证书、感谢函、客户回访表等）。

介绍产品既要用数字、事实、逻辑来说服客户，也要用鲜明、生动、形象的语言来打动客户。如果介绍产品只局限于产品的各种性能，是难以使客户动心的。因此，在介绍产品的时候，要学会用比喻等方式形象地描绘产品和利益，尽量少用专业术语。

10.3 正确处理客户投诉

在日常工作中往往会遇到前来投诉的客户。当客户对企业的产品或服务进行投诉时，我们应运用沟通技巧，与客户进行认真的沟通，认真倾听投诉，初步判断处理，确定责任部门，答复处理意见。

100个经典提示

90 客户投诉时，不要一味地向客户解释或辩白，更不要急于下结论，否则会令客户更加反感。

10.3.1 处理客户投诉的程序

（1）认真倾听投诉

当客户进行投诉时，我们必须以礼相待，认真倾听，详细记录。可以通过提问的方式，通过有针对性的提问，大致了解客户投诉的内容与原因，充分了解所需的信息资料，为处理问题收集有效的信息。

（2）初步判断处理

了解了客户投诉的原因与问题，要对其投诉的具体情况进行初步判断。如果不属于企业产品或服务的问题，要以委婉的方式解释给客户，取得客户的谅解，进而消除误会；如果的确是企业自身产品或服务的问题，则应向客户真诚道歉，答应及时帮助客户解决；如果不能立即确定问题所在，与客户沟通，待企业调查后，及时反馈客户具体意见及处理办法。

（3）确定责任部门

分析客户投诉属于哪一方面，比如是质量问题、服务问题、使用问题、价格问题、物流问题等，同时分析客户投诉的要求，以及具体问题属于哪个部门。然后根据客户投诉的内容，确定相关的具体受理部门和受理负责人。

（4）答复处理意见

依据本企业相关制度，参考《消费者权益保护法》等相关法律规定，提出处理意见，并及时与客户沟通，争取客户对处理意见的认可。如果自己确实无法解决，则应提交给上层领导解决。投诉处理完毕后，应进行回访，并对本次投诉及处理资料整理归档。

10.3.2 处理客户投诉的技巧

（1）真诚道歉，平息怨气

由于大多数投诉属于发泄性质，所希望得到的是同情和理解，一旦消除了怨气，心理平衡后，问题就容易得到解决。因此，不论责任是否在于企业，都应该诚心诚意地向客户道歉，并对客户提出的问题表示感谢，这样可以让客户感觉受到重视，才能使问题朝着有利于解决的方向发展。

表达歉意时态度要真诚，而且必须是建立在认真倾听了解的基础上。如果道歉与客户的投诉根本就不在一回事上，那么这样的道歉不但无助于平息客户的愤怒情绪，反而会使客户认为是在敷衍而变得更加不满。

 相关链接

处理客户投诉"三不七要"。

"三不":不回避,不害怕,不随意。

"七要":要真诚,要平等,要虚心,要记录,要报告,要及时,要反馈。

(2)快速处理,注意措辞

对待投诉应快速处理。解决问题是最关键的一步,只有妥善地解决了客户的问题,才算完成了对这次投诉的处理。一般来说,除了马上作出道歉外,还要当着消费者的面把投诉意见记录下来,告诉消费者其意见对企业很重要,并留下消费者的联系方式。客户投诉如当时无法立即解决,需要说明原因和确切解决时间,到时主动约见客户。在与客户沟通过程中,应注意运用恰当的措辞应对客户的不满,处理投诉可以是道歉,也可以是说明,甚至可以是说服。

 相关链接

客户投诉处理应避免使用的句型:

"你可能不明白……"

"你肯定弄错了……"

"你应该……"

"这不可能的……"

"你不要激动……"

"你平静一点……"

(3)把握尺度,公平公正

使客户得到满意的答复是处理投诉所追求的目标,但在处理投诉时,要把握好尺度,不能没有原则地讨客户的欢心,原则性的问题要用委婉的语气明确告诉客户。处理问题要坚持公平公正的原则,对于一些盲目投诉的客户要详细解释,或操作示范,或专家答疑,使其口服心服,同时展示企业的良好形象。

(4)及时答复,适时回访

投诉处理结果应及时回复客户,并通过发短信、打电话等方式与客户再次沟通,调查了解客户对投诉处理结果的满意程度,感谢客户及时提出批评意见或改进建议,以维护好客户关系。

思考与训练

1. 与客户沟通最常见的方式有哪些?这几种常见方式的沟通应注意哪些问题?
2. 设计一份客户档案信息表,要求包含与客户沟通时所需要的各类信息。
3. 为什么如今"皇帝的女儿也愁嫁""酒香也怕巷子深"?
4. 投诉分两种,一种是善意投诉,即确实因为产品、服务、使用、价格等方面的实际原因而引起的顾客投诉;另一种是恶意投诉,即出于敲诈钱财、破坏声誉、打击销售等为目的的所谓"投诉"。对待恶意投诉,你应该怎么办?
5. 技能训练题:

每位同学轮流在小组内向其他组员介绍某一自己非常熟悉的产品(电脑、化妆品、手表、自行车等),组员对其介绍作出评价。

第 11 章

沟通礼仪要求

> 📖 **学习目标**
> - ☐ 了解礼仪的含义。
> - ☐ 掌握沟通的仪表礼仪。
> - ☐ 熟悉沟通礼仪中的具体要求。
> - ☐ 了解涉外礼仪中的禁忌和规范。

11.1 沟通的仪表礼仪

现代社会人与人之间交往频繁，在与人沟通时，不仅要受到自然规律的影响和制约，还要受到社会规律以及由社会规律决定的各种社会规范的影响和制约。礼仪规范就是其中的一种，它作为人类历史发展中逐步形成并积淀下来的一种文化，始终以某种精神的约束力支配着每个人的行为。

礼仪是指在人际交往中，自始至终地以一定的、约定俗成的程序、方式来表现的律己、敬人的完整行为，是一种为时代共识的行为准则或规范。其具体体现形式为礼貌、礼节、仪表、仪式等。

100个经典提示

91 不讲究沟通礼仪的人，将会在人际沟通中遭遇失败。

如果是当面沟通，必须讲究仪表礼仪。所谓仪表，就是人的外观，包括容貌、表情、服饰等给人们的总体印象。

11.1.1 沟通的着装礼仪

在社会交往中，讲究服饰穿戴规范的人，不但能让自己感觉良好，增强自信心，还能让与你交往的人感到你对他的尊重。能给人以修养好、办事有条理、值得信赖的印象。当你作为公司一员出席某些社交活动时，服饰还要体现出你所在组织的形象。着装除考虑自身的特点外，还应遵循TPO原则。

相关链接

TPO原则是目前国际上公认的穿衣原则。TPO是英文里时间、地点、目的三个单词的开头字母。

应时原则即表示穿着要注意时间，通指要注意年代、季节和一日各段时间。就是服饰务必要与穿着的具体时间默契配合，在不同的时间里应当穿着不同的服装，切不可不分四季，不分早晚或是脱离时代地胡乱穿衣。

应时就要求服饰符合时代性，不同的时代有不同的着装标准，古代与当代显然有极大的不同。应时要求服饰要随季节变化而变化，夏单冬棉不能混穿了。应时还要顾及早、中、晚三段的时间变化。

100个经典提示

92　穿着应时不是指追求时髦，不是要你走在着装前列，而是符合时代要求。

应景原则表示穿着要与场所、地点、环境相适宜。即不同的环境、地点需要有与之相适应的服饰打扮。我们在社交沟通活动中，一定要考虑自己即将前往的活动地点的具体情况。任何人只要到达一定的地点，也就进入了特定的环境，成为其中的组成部分。上班时服饰要正规、庄重，适合着正装，饰物佩戴以少为佳；社交环境应讲究时尚，展示个性，适合穿礼服、时装等；休闲环境要求不高，只要舒适轻松、得体即可，可以选择便装。

案例

前苏联教育家马卡连珂在《爱的教育》一书中讲过这样一个故事：有位母亲是位小学教员，整天忙忙碌碌，衣冠不整。她的女儿是位中学生，总觉得母亲平庸不堪，瞧不起她，有时甚至连话都懒得跟母亲说。可是有一天，母亲因为要主持家长会，穿了一套非常合体、非常漂亮的新衣服。女儿忍不住多看了几眼，并赞叹："妈妈穿这衣服真漂亮。"母亲从这句赞美的话中猛然醒悟：无论是作为教师还是母亲，都应注意自己的服饰形象，才能保持在学生或子女心目中的威信。

应事原则是指穿着要考虑我们将要从事的工作，或参加活动的目的。我们每个人都生活在一定的时间、空间中，任何人穿衣服都带有一定的目的性。社交沟通活动中的服饰应当根据自己所参与的事务或活动的不同而有所变化。在处理不同的事务或处在不同的场合时，对于服饰有不同的要求。处理常规事务或在公司上班，此时的服饰应当合乎本组织的规定，要正规、整洁、文明；如果参加一些重要的活动，服饰力求庄重、高雅和严肃；参加欢庆活动、纪念活动等喜庆活动时，选择的服饰可稍显时尚、潇洒、明快；参加悲伤的活动，则应穿着严肃、素雅、肃穆，符合现场气氛。

应己原则就是要根据自身条件选择符合自己性别、年龄、肤色、体型的服饰。即要量体裁衣，因人而异。我们在与人沟通交往中，要实事求是地展示自己最佳的着装形象。一件衣服也许款式很新、制作精良，但有人穿起来很合适，却并不代表所有的人都合适。如深色服装较适合相对丰满的人穿着，而瘦小的人就不宜穿深色服装。

相关链接

　　服饰色彩的象征意义及明暗深浅的特性，可以表现出穿着者的性格特征，不同性格需要由不同的色彩来表现。

　　性格外向的人，一般喜欢明亮的色彩，如红、橙、黄等暖色，营造出明朗、轻松的气氛；性格内向的人，通常喜欢沉淀的颜色，如青、蓝、灰、黑等冷色，营造出庄重、沉稳、压抑的气氛。

11.1.2　沟通的佩饰礼仪

　　佩戴饰物就是指人们在着装的同时所选用佩戴的装饰性物品。饰物是服饰的有机组成部分，对服装起辅助、烘托、陪衬、美化的作用。它是一种无声的语言，可借以表达佩戴者的知识、阅历、教养和审美品位，可借以了解佩戴者的地位、身份、财富和婚恋状况。饰物的种类丰富多彩，五花八门，发饰、胸花、戒指、耳环、项链、脚链、丝巾、腰带等都属于饰物，这些饰物不仅具有美化的功能，同时还能传播一定的信息，具有一定的象征意义。

　　在正规场合佩戴饰物，一定要遵守使用规则。一般在数量上要求以少为佳，若同时佩戴多种首饰，则要求总量上不超过三件。除耳环外，同类首饰的佩戴只戴一件。色彩上力求同色，质地上最好也能做到几件饰品都同质，这样就显得协调美观。选择饰品时，还要照顾个人的爱好，更要与自己的年龄、职业、工作环境及体形、季节等相吻合。

　　佩戴饰物要讲究与服装相协调，用装饰品衬托服装，能将你的仪表更好地展示出来。与服装是否协调，决定饰物的衬托是否成功。通常领口较低的上衣可用一条项链来装饰，穿运动服或工作服就不宜戴项链、耳环，否则会有不伦不类之感。在饰物颜色、款式的选择上，也要考虑与自己的衣着颜色、款式相协调，或与皮包、鞋子的颜色相搭配。选择首饰时，应充分正视自身的形体特色，力求首饰的佩戴能扬长避短。

100个经典提示

　　93　要尽量避免戴链型耳环的同时，又戴项链、胸针等。因为三者都集中在齐胸一线，会显得过分张扬、繁杂凌乱。

11.1.3 沟通的容貌礼仪

修饰仪容的基本规则是美观、整洁、卫生、得体。容貌的修饰主要体现在发型、面部和口部三部分。

（1）发型的修饰

最重要的是要整洁、规范，长度适中，发型适合自己。有条件的话每天都要洗头，还应定期修剪。在重要的工作场合，男士头发的具体要求是：前发不附额，侧发不掩耳，后发不及领。留长发的女士，在上班或重要场合中，最好用卡子或者发箍把头发束起来或编起辫子，不要遮住眼睛遮住脸。一般来说，创作性行业如艺术创作者、演艺界从业者、IT行业从业者等允许保留张扬个性等发型和比较时尚的染发和烫发，而在机关、学校、公司等机构，发型一般要求庄重保守，不能过分时尚。

100个经典提示

94 发型的选择一定要适合自己的性别、年龄、身份、场合和企业文化。

（2）面部的修饰

除了要保持整洁之外，还要注意及时剃掉多余的毛发，如胡子、鼻毛和耳毛等。没有特殊的宗教信仰和民族习惯，一般不要留胡子，要养成每日剃须的习惯。鼻毛和耳毛也要定期修剪。

（3）口部的要求

口最重要的是要力求无异味。要想保持一个良好的个人形象，应该养成习惯，饭后及时刷牙，尽量避免在会客前进食有异味的食物，如葱、蒜、韭菜、海鲜等。一旦发现自己口腔有异味，应及时使用漱口水或喷剂清除。

（4）化妆的基本要求

首先，化妆要讲究自然。"清水出芙蓉，天然去雕饰"。在日常生活中，一般不要化舞台妆，应当化淡妆。力求化妆之后呈自然状态，没有痕迹，给别人天生丽质的感觉。

其次，化妆要注意协调。这主要指的是化妆要与自身整体的协调、与环境的协调和与身份的协调。如化妆的各个部位要协调，不同部位的颜色要过渡好，还要与自己的服饰相协调。

此外，特别要注意不要在公共场合化妆。在公共场所、众目睽睽之下修饰面容是没有教养的行为。如果真有必要化妆或补妆，一定要到洗手间去完成。

使用的化妆品最好要成系列，因为不同的化妆品品牌的香型往往不一样，有时会造成冲突，达不到好的效果。

11.2 沟通的基本礼仪

沟通的基本礼仪是每一个人立身社会所不可缺少的重要礼仪规范，它可以陶冶人们的情操，沟通人们的思想感情，缩短人们之间的距离。沟通的基本礼仪就是指人们在长期交往中，逐渐形成的习惯做法与不成文的行为规范。

11.2.1 见面的礼节

在与人交往中，刚与人见面时，常以一定的礼貌动作、姿势来表示对他人的欢迎、尊重、感谢和友好。正确、合乎规范地施行见面礼节，有助于双方开展正常的交往。

（1）握手礼

握手礼是当今全世界最通行的迎送和相见的礼节。在交往中，除迎送使用握手礼之外，表示感谢或祝贺时也使用握手礼。行握手礼时，握手的力度大小，可以传达情感强弱的信息。握手时应握紧而不应有气无力。无力度的手，给人以冷漠无情、虚伪之感。当然也不能握得过紧而给对方造成疼痛感。男士之间、熟人之间握手力度可略大一些，异性之间，男性应轻握女方，不可握得过紧或时间过长。与人握手时应神态专注、热情、友好、自然。

相关链接

握手是一种古老的习俗。据专家考证，这种习俗萌芽于石器时代。当时，人们以狩猎为生，也经常发生部落战争，所以，手里常握着棍棒和石块，用它们作为武器以防不测。陌生人相遇，如果彼此没有恶意，就要把手里的东西放下来，然后敞开双掌，将手臂伸向天空，或者伸手给对方，让对方摸摸手心，以此来表示自己没有携带或隐藏任何武器，请对方放心，不必防范。后来，这种古老的习俗慢慢演变成一种两手相握的形式，并成为人们见面时相互致意的礼节。

（2）点头礼

点头礼又叫颔首礼，它适用于路遇熟人或在会场、剧院、歌厅、舞厅等不宜与人交谈之处，或遇多人见面无法一一问候之时。行点头礼时，一般不应戴帽子，具体做法是头部向下轻轻一点，同时面带笑容，不宜反复点头不止，也不必点头的幅度过大。

（3）注目礼

在升国旗、游行检阅、重要会议开幕仪式、剪彩揭幕、开业挂牌等活动中，适用注目礼。具体的做法是：起身立正，抬头挺胸，双手自然下垂或贴放于身体两侧，表情庄重严肃，双目正视于被行礼对象，或随之缓缓地移动。

100个经典提示

95 行注目礼时，不可歪戴帽子歪穿衣服，不可东歪西靠、嬉笑打闹、大声喧哗。

（4）鞠躬礼

一般用于向他人表示感谢、颁奖或演讲之后、演员谢幕、举行婚礼、参加追悼活动等。行礼时，要求脱帽立正，双目凝视受礼者，然后上身弯腰前倾。男士双手应贴放于身体两侧裤线处，女士的双手则应下垂搭放在腹前。下弯的幅度越大，所表示尊重的程度就越大，受礼者应鞠躬行礼相还。长者、贵宾、女士可欠身点头还礼。

鞠躬的次数可视具体情况而论，一般是深深的一鞠躬，表示深切的感谢，唯有追悼活动才采用三鞠躬。

（5）介绍礼节

介绍和被介绍是社交活动中非常重要的一个环节。相对比较简单的是自我介绍，可直截了当地介绍自己所在的组织机构名称和自己的职务、姓名即可。当你为别人作介绍时，要面向双方，伸出手掌朝向被介绍者，介绍顺序是：将男士介绍给女士，将年轻者介绍给年长者，将职位低者介绍给职位高者，将自己的上司或同事介绍给客人，然后再反过来介绍。当别人介绍你时，被介绍者应回应对方，行点头礼或伸手行握手礼，不应冷漠对待。

介绍的过程是情感建立与沟通的过程。最容易给人留下直观的印象。应该像表演那样把每个细节都刻画得精致准确，这是一种职业标准。

11.2.2 拜访与待客的礼节

拜访与待客对于建立联系、交流信息、情感沟通，发展友谊等有着其他活动不可替代的作用。

（1）拜访的礼节

无论是公务拜访还是私人拜访，最好不要"无事不登三宝殿"，应该使拜访经常化。只有这样，感情联系才可能紧密牢固。拜访时间要避开吃饭和午休时间，晚上不宜过晚拜访。最好在拜访前预约，可避免吃"闭门羹"，也有利于对方安排好接待时间。如果有事或无法预约而直接拜访的，应向主人致歉并说明原因。拜访时应注重自身的仪表，整洁的仪表服饰是表达来访者对主人的尊重。拜访的时间不宜过长，以免影响主人的休息，告辞时应向主人道谢，礼貌告辞。

（2）待客的礼节

待客的总要求是：热情、周到、注重礼节。在对方约定来访之前，应做好待客准备，收拾好待客场所，准备茶具、烟具等。来访者到来时，应及时相迎，让座；在与客人交谈时，无论对方的话题是否是你感兴趣的，都要尽量克制烦躁不耐烦的情绪，以免引起客人不满，影响今后交往。还要注意待客要求衣冠整洁，特别是在家中待客，不得只穿内衣、睡衣或赤脚待客，这样都是不尊重对方的表现。

100个经典提示

96 客人离开时，应将客人送到门口，目送客人走远。

11.2.3 电话礼仪

使用电话是现代人际沟通中最普遍的交流方式。正因为其普遍，才更需要我们掌握电话礼仪，即在通电话时，要做到时间适宜、内容简练、表现文明。

（1）拨打电话的礼仪

拨打电话给他人，要讲究"两限制一文明"，即时间限制、内容限制、通话文明。

时间限制——是指选择不影响他人休息、用餐的时间拨打电话，不在私人时间（下班后）打公务电话。通电话时把握时间，以短为佳，宁短避长，通话尽量不超过三分钟。

内容限制——是指在通话时要简明扼要，寒暄后就直言主题。最好在通话前有所准备，避免边说边想，丢三落四，切忌吞吞吐吐，含糊不清。当要讲的话讲完时，果断地终止谈话，不要反复唠叨。

通话文明——是指在通话时，要做到以礼待人，文明大度，尊重自己的通话对象。使用"您好""再见"等礼貌用语。

100个经典提示

97 通电话时，别忘了微笑通话，对方虽然看不到，但能从声音中体会得到的。

(2) 接听电话的礼仪

接听电话时要以愉悦的心情、清晰明朗的声音，给对方留下美好印象。

一是及时接听。一般在铃声响时及时接起，如因特殊情况不能及时接听的，在通话时向对方表示歉意。

二是谦和应对。拿起话筒，首先向对方表示问候，并自报家门，以谦恭友好的语气聚精会神地接听电话，不与他人交谈或看报、看电视、吃东西。若遇开会期间有人打进电话，可向其说明原因，表示歉意，会议结束后再联系。

三是礼貌结束。通话终止时，要向对方道一声"再见"，方可轻放话机。若为他人代接、代转电话，要注意以礼相待，尊重隐私，不打听对方不愿说的事情。要准确记录及时转达通话要点，以及对方的单位、姓名、回电时间等内容。

100个经典提示

98　遇到打错的电话，应该提醒对方核实号码，不能粗暴训斥。

11.2.4　探望病人的礼节

及时探望生病的长辈、朋友、同事、同学，是人际沟通的重要环节。通过探望病人，可以加深双方的了解和感情，增进友谊，有利于更好的沟通。

(1) 了解病情

在有了去探望病人的打算后，就应该了解病人的一些基本情况，不但要了解病人的病情现状和治疗情况，还应该了解病人的心理状况和情绪状况。这样，可以使自己在与病人交谈时，不会因出言不慎而影响病人的情绪。人在生病时，往往比较脆弱，特别是病情较重的人，所以要在探望病人前了解基本病情。

(2) 提前预约

提前预约在普通拜访时是一个基本礼仪，而在看望病人时则更显重要。大多数医院对于亲属探望病人都有明确的规定和时间安排，在一些传染病医院、妇幼保健医院，相关规定更为严格。因此，探望病人一定要提前预约，了解清楚探视时间和病人接受治疗的安排情况后再去探望。

(3) 准时到达

住院期间，病人的生活相当规律，接受治疗和休息时间都安排得很规范。因此，在探望病人时,我们一定要准时到达,严格按照约定的时间去看望,避免影响病人休息或者耽误其接受治疗,否则,不仅失礼,也容易空跑一趟。

如果去病人的家中探望,通常要避开午休和晚上时间。进屋必须要敲门,一方面是为了对病人及其家人表示尊重,另一方面是给病人留出穿衣、盖被或稍作整理的时间。

(4) 语言轻松

探望病人时,用词要讲究分寸,说话时不可兴高采烈,也不要表现出紧张、厌恶的表情。要神态自然、语调轻松。闲谈话题应轻松愉快,尽量避开病情,注意忌讳,多说些以往的美好时光,鼓励病人安心休息,早日康复。

(5) 谨慎选礼

在探望病人时,选择礼物要谨慎。礼物不在轻重,可以是鲜花,也可以是水果、食品或书刊,但应以满足病人的需要,使病人尽快康复为原则。送鲜花时,应注意"花语",注意不要送纯一色的白花。还要注意有些病人或同病房的人可能对鲜花过敏,如患呼吸道疾病的病人,不适宜呼吸有花粉的空气,就不能选择送花。送水果或食品时,一定要适合病人食用。要考虑哪些是病人能吃的东西,病人忌讳或不能吃的东西不要送。

(6) 结束访问

从健康的角度考虑,最好能够适时、婉转地结束探望,一方面避免因为自己探视时间过长影响了病房里其他病人的休息,另一方面也可以避免病人疲劳影响身体恢复。探望时间一般以十几分钟为宜,最多不超过半个小时。

11.2.5 宴会礼仪

有许多重大的喜庆、婚丧、应酬等活动通常都会安排成宴会形式,在用餐过程之中进行交际沟通。不论是中餐还是西餐,都有其特别的规矩,我们只有按照宴会礼仪要求,才能避免失礼的情况发生。

(1) 赴宴礼仪

赴宴时一般应早于约定时间 5 分钟左右抵达。过早会给主人带来接待的麻烦,过迟则会影响宴会开宴时间。参加宴会时要注重个人仪表,整洁为首要要求。入座时,可从自己座位的左侧入座,坐姿要端正,不要在餐桌上东张西望,或摆弄餐具等。当主人打开餐巾时,即表示宴会开始,客人应随后打开餐巾,并摊于腿上。若主人举杯敬酒,客人应起立,举杯时应目视对方,并微笑致意。敬酒者杯沿应略低于对方杯沿,以示尊重对方。

在宴会中，应尽量避免中途退场。如果确需中途退场，只要悄悄向主人说明即可，不能因你的离去而扫他人之兴。

(2) 用餐礼仪

餐前服务员递的热毛巾是擦嘴和擦手的，不要用来擦脸、擦脖子等。用餐时忌用筷子指点别人，也不要用筷子当牙签剔牙；西餐用刀叉一般是左手拿叉右手拿刀；用餐时，嘴不要发出声音，餐具也要尽量避免相撞发出声音；要注意不要乱吐骨头、鱼刺等，应将其放在骨碟里；剔牙时要注意用手遮口，用牙签剔牙缝。用餐结束时，餐巾应放在桌面上，如果主人将餐巾放在桌面上，则意味着宴会结束，客人可起立离席；告辞时，主人将客人送到门口，主宾致意道别。

> **相关链接**
>
> 在西餐桌上往往会放很多刀叉，它们的摆放顺序一般都是根据上菜先后顺序从外到内摆放。正规的西餐宴会上，每用完一份菜，就会换一套餐具，故不能打乱刀叉顺序乱用刀叉。在使用刀叉时，假如将刀叉呈"八"字型摆放在垫盘上，表示客人还要继续食用这道菜；如果将刀叉平行放置在垫盘上，则表示客人已吃完或不想再继续吃这道菜，服务员就会将其撤下。

(3) 宴会桌次与席位

较为正式的宴会，一般均安排桌次与席位。桌次安排的方式是：以主桌为基准，主桌安排主宾。主桌一般位于厅堂正中或正对入口处，其他桌次以离主桌远近而定。遵循"近高远低，左高右低"的桌次安排原则。该原则同样适宜同桌人员的座位安排。即同桌的人在主人的左边高于右边，排座时先左后右排位。便宴一般不讲究，宾客可自由入座，也可只有部分宾客要安排座位。

中式宴会一般都是用圆桌，入座时应依次入座，有女士、年长者出席时，应先请他们就座，以示尊重。

11.3　涉外沟通礼仪

随着我国国际地位的提高，国际交往也日趋普遍，涉外沟通礼仪随着涉外活动的增多而日趋重要。涉外沟通礼仪就是与外国人打交道时所需要注意的礼仪。不同国家、不同民族必然有着文化差异，沟通交流就存在礼仪差异。我们应该尊重他人的生活习俗，学习涉外沟通礼仪，跨越差异障碍，获得涉外沟通的成功。

11.3.1 习俗的礼仪

每个国家、每个民族都有自己的风俗习惯。虽然涉外习俗礼仪很多，但我们首先要了解的是他们的禁忌，不要因不懂禁忌而影响沟通效果。

> **100个经典提示**
>
> **99** 在涉外交往中，沟通都要做到"入境而问禁，入国而问俗，入门而问讳"，这样，才能与外国人有效地进行交往沟通。

欧美国家普遍忌讳"13"这个数字。另外在安排欧美国家的涉外交往活动时也应避开周三和周五，他们认为这两天不吉利，如果"星期三、五"正巧和"13"日重合，则更为凶险，被称为"黑色星期三或五"。同时，忌谈个人私事，忌说"老"，不喜欢黑色，偏爱白色和黄色，喜欢蓝色和红色。当我们要与美国人沟通洽谈时，就应注意避开忌讳的日子请客或办庆典之事，否则会引起对方的不愉快。

在东方一些国家则忌讳"4"这个数字，在日本忌讳"4"和"9"，因为在日语中"4"和"死"同音，"9"的发音与"苦"相近，因此也在忌讳之列。与日本客人做生意，不要选择2月和8月，因日本商人忌2月和8月，认为这两个月是淡季，会影响生意。

泰国人最忌讳别人摸自己的头部。因为他们认为头是神圣的，是智慧所在，如果你摸他的头则表示你对他极度的不尊重。

法国人忌黑桃图案（不吉利）、仙鹤图案（淫妇的代名词），还忌大象图案（意为蠢汉），忌黄色的花（意为不忠诚），忌菊花（代表哀伤）。

> **案例**
>
> 中国有一家出口公司向日本出口泥鳅。一次，他们打开冷库时发现只有黄鳝没有泥鳅。可这时发货日期已到，考虑到与日本进口商是老关系了，中国的出口商就自作主张把黄鳝当泥鳅运到日本，心里还得意地想，这下对方要感激我了，我把价格贵的黄鳝当低价的泥鳅给你了。可是货到日本，日商大吃一惊，并立即要求退货，同时要求索赔。中国出口商不解，我们吃亏了，你们还要退货？日方回答说，黄鳝像蛇，很可怕，我们日本人从来不吃，泥鳅在日本很受欢迎，已经吃了一百多年了。所以黄鳝再贵，在日本却没有市场。

11.3.2　交谈礼仪

在与外国人交流沟通时，必须注意交谈礼仪。知道哪些能谈，哪些不能谈，不能随意。

首先要选择好话题，即选择对方喜闻乐道的话题。一般来说，可选择体育比赛、文艺演出、电影电视、旅游度假、风光名胜等人们普遍感兴趣的话题，外宾同样乐于谈论。要获得好的交谈效果，可以事先研究一下外宾的兴趣爱好，可以"投其所好"地选择话题，营造轻松愉快的谈话氛围。

其次，要注意回避不宜涉及的谈话内容。比如，不宜泄露国家机密和行业机密；不宜对自己国家和政府横加指责；不宜对外宾的内部事务横加干涉；不宜涉及格调不高的话题；不宜随意评论交谈对象；不宜打探对方个人隐私。

> **100个经典提示**
>
> **100**　在我国，两人见面可以关切地询问对方工作、待遇等，但许多西方国家把工资看做是个人隐私，不希望旁人打听。

最后，不要迎合他人的无理话题。虽然我们希望与自己的沟通对象沟而能通，但却不能因此而曲意迎合他人的无礼话题。由于国情不同和意识形态的差异，我们同外宾对一些问题的看法有时会截然不同。对此，我们应采取正确的态度，不卑不亢，不失礼也不无原则。

11.3.3　馈赠礼仪

馈赠作为社交沟通活动的重要手段之一，受到古今中外人士的普遍肯定。馈赠作为一种非语言的重要交际方式，是以物的形式出现，以物表情，礼载于物，起到寄情言意的"无声胜有声"的作用。得体的馈赠，恰似无声的使者，给沟通活动锦上添花，给人们之间的感情和友谊注入新的活力。

中国是礼仪之邦，热情好客是大多数人的待客之道。"有朋自远方来不亦乐乎"，许多人都会以赠送礼品来表达心意。但涉外赠礼，一定要遵循国际社会所通行的礼品赠送规则。不同的人选择的礼品不一样，所谓"鲜花赠美人，宝刀赠壮士"。既要考虑礼品的纪念性，还要考虑其携带性，更不能犯忌。除此之外，还应选择送礼的时间、地点、方式。

> **相关链接**
>
> 国际社会通用的礼品赠送规则是"五W规则"。即英文"Who、What、When、Where、Which的第一个字母的简称。
>
> Who——是指送给谁。要明确受礼的对象是谁,性别、年龄、身份是什么。
>
> What——是指送什么。不能将中国人喜欢的药品、补品、保健品等作为礼物送给外宾。因为在国外,个人的健康属于"绝对的隐私"。
>
> When——是指什么时间送。拜访客人应该在见面之初送上,接待客人则应在临别时送。
>
> Where——是指在什么地点送。公私不能一样。因公交往选择办公地点送,因私则在私人居所送。
>
> Which——是指用什么方式送。不同身份由相应身份的人来送。为了表示重视可由地位高、辈分高的人来送。

礼品的包装也不能忽略,外宾认为包装是礼品的有机组成部分,不能以中国人的实惠观点对待包装,还应对所送礼品的产地、特征、用途以及寓意进行简要的介绍。

向阿拉伯人送礼要尊重其民族和宗教习俗,不能送古代仕女图,因为阿拉伯人不愿让女子的形象在厅堂高悬;不要送酒,因为多数阿拉伯国家明令禁酒;向女士赠礼,一定要她们的丈夫或父亲在场,赠饰品给女士更是大忌。在送法国人礼物时,不宜送刀、剑、剪、餐具或是带有明显的广告标志的物品,忌讳男士向女士赠送香水,在接受礼品时若不当着送礼者的面打开其包装,则是一种无礼的表现。日本人送礼一般用单数,尤其是3、5、7这三个数,不用梳子、手绢做礼物,个人赠礼须私下送出。收到日本人的馈赠,不能当着送礼者的面看礼物,而欧美人通常当面打开礼物。

思考与训练

1. 为什么服饰穿戴除了要符合TPO原则外,还要遵循应己原则?
2. 为什么要强调拜访他人之前要"预约"?
3. 什么是打电话的"两限制一文明"?
4. 你是如何理解涉外礼仪中"不卑不亢"的意思?
5. 技能训练题:

第 11 章　沟通礼仪要求

请你选择身边的同学，一起来进行握手礼练习。重点把握握手的力度和握手的距离。一般要求握手双方站在相距约 1 米的地方立正，上身略向前倾，伸出右手，四指并拢，拇指张开与对方相握。

体会一下几秒钟放手合适？力度大小有什么不同感受？距离更远或更近有什么区别？

参 考 文 献

1. [美]美盖利·科蓝兹著,刘晓娟译. 有效沟通. 吉林:吉林出版集团有限责任公司,2007.
2. 罗伯特·赫勒著,王慧敏译. 沟通技巧. 上海:上海科学技术出版社,2000.
3. 刘玉瑛,段小卫著. 沟通能力的提升与自测. 北京:中共中央党校出版社,2006.
4. 凡禹编. 沟通技能的训练. 北京:北京工业大学出版社,2004.
5. 美黛博拉·本顿著,陈蔼蒂,梁应权译. 狮子不必咆哮. 北京:新华出版社,1995.
6. 吴然等. 第三本教育护照. 北京:团结出版社,2000.
7. 汝勇健编. 沟通技巧. 北京:旅游教育出版社,2007.
8. 余世维. 有效沟通. 北京:机械工业出版社,2007.
9. 吴娟瑜. 商务沟通与人际关系拓展. 北京:北京大学出版社,2007.
10. 柳青,蓝天编. 有效沟通技巧. 北京:中国社会科学出版社,2003.
11. 徐宪光. 商务沟通. 北京:外语教学与研究出版社,2001.
12. 许玲. 人际沟通与交流. 北京:清华大学出版社,2007.
13. 刘伟编. 肢体语言. 北京:中国时代经济出版社,2007.
14. 李晓阳. 人际沟通. 湖南:湖南科学技术出版社,2005.
15. 李谦. 现代沟通学. 北京:经济科学出版社,2006.
16. 王建华. 现代礼仪与口才实务技巧[M]. 上海:上海社会科学院出版社,2007.
17. 王建华. 沟通技能训练[M]. 北京:人民教育出版社,2015.
18. 徐飚. 职场礼仪与沟通训练[M]. 北京:人民教育出版社,2015.
19. 浙江省教育厅职成教教研室. 走进文员[M]. 北京:高等教育出版社,2014.
20. 谢红霞. 沟通技巧[M]. 北京:中国人民大学出版社,2011.
21. 陈向平. 口语表达与交际沟通技巧[M]. 北京:化学工业出版社,2011.
22. 张秋筠. 商务沟通技巧[M]. 北京:对外经济贸易大学出版社,2010.
23. 林灵. 实用口才与职场沟通[M]. 北京:人民交通出版社,2011.
24. 徐丽君,明卫红. 秘书沟通技能训练[M]. 北京:科学出版社,2008.
25. 柏莹. 秘书人际沟通[M]. 北京:中国人民大学出版社,2011.

反侵权盗版声明

电子工业出版社依法对本作品享有专有出版权。任何未经权利人书面许可，复制、销售或通过信息网络传播本作品的行为；歪曲、篡改、剽窃本作品的行为，均违反《中华人民共和国著作权法》，其行为人应承担相应的民事责任和行政责任，构成犯罪的，将被依法追究刑事责任。

为了维护市场秩序，保护权利人的合法权益，我社将依法查处和打击侵权盗版的单位和个人。欢迎社会各界人士积极举报侵权盗版行为，本社将奖励举报有功人员，并保证举报人的信息不被泄露。

举报电话：（010）88254396；（010）88258888
传　　真：（010）88254397
E-mail：　dbqq@phei.com.cn
通信地址：北京市万寿路 173 信箱
　　　　　电子工业出版社总编办公室
邮　　编：100036